PflegeManagement kompakt

W0085203

Der Herausgeber und Autor

Christian Loffing, Dipl.-Psychologe, Dipl.-Betriebsökonom, zertifizierter Coach, Trainer und Berater, Fachbuchautor, Lehrbeauftragter der Steinbeis-Universität Berlin, Vorstandsmitglied der Georg-Gottlob-Stiftung in Essen und Leiter des bundesweiten Berater-Netzwerks karrierepflege.de.

Die Autorin

Sandra Budnik hat an der Heinrich-Heine-Universität Düsseldorf Pädagogik mit den Schwerpunkten Erwachsenenbildung und Beratung studiert. Sie ist Diplom-Pädagogin und ausgebildete Qualitätsmanagementbeauftragte. Während ihres Studiums war sie im Service-Marketing eines führenden Kongressveranstalters tätig. Heute arbeitet sie als freie Mitarbeiterin in den Bereichen Personalentwicklung und Qualitätsmanagement.

Christian Loffing
Sandra Budnik

Projekte
erfolgreich managen

Mit dem richtigen Plan zum Ziel

Verlag W. Kohlhammer

1. Auflage 2005

Alle Rechte vorbehalten
© 2005 W. Kohlhammer GmbH Stuttgart
Umschlag: Gestaltungskonzept Peter Horlacher
Illustration: Marcus Splietker
Satz: Offizin Wissenbach, Höchberg bei Würzburg
Druck und Bindung:
W. Kohlhammer Druckerei GmbH + Co. KG, Stuttgart
Printed in Germany

ISBN 3-17-019118-7

Geleitwort

Auf die Frage »Welche Arten von Projekten kennen Sie?«, antwortete eine Seminarteilnehmerin (erfahrene Führungskraft): »Ich kenne nur gescheiterte!«

Wir leben heute in einer derart dynamischen Umwelt (Globalisierung, Wettbewerb, Ressourcenknappheit, Innovationen ...), die Unternehmen zwingt, sich (Organisation, Mitarbeiterqualifikation, Produkte, Märkte ...) permanent zu hinterfragen und Veränderungsprozesse im Kleinsten, aber auch in komplexer Form zu initiieren. Bei allen diesen wie auch immer gearteten Veränderungsprozessen handelt es sich um Projekte: kleine, mittlere oder Mega-Projekte. So verschieden diese auch sind, sie haben jedoch eines gemeinsam: die methodische Vorgehensweise. Heute sind in Unternehmen Führungskräfte gefragt, die über eine ausgeprägte Projektmanagementkompetenz verfügen.

Nehmen Sie sich Zeit und erweitern Sie Ihr Wissensspektrum durch die Tipps von Christian Loffing und Sandra Budnik. Ihr Projektmanagement wird dadurch gewinnen, und der daraus resultierende Erfolg wird Ihre Bemühungen der Wissenserweiterung rechtfertigen. Ich wünsche Ihnen nun viel Spaß beim Lesen dieses Buches.

http://www.imags.de

Prof. Dr. Peter Dohm
Direktor des IMaGS

Vorwort des Herausgebers/Autors

Lieber Leser,

mit der Reihe PflegeManagement kompakt haben wir ein Medium geschaffen, das Studenten, Weiterbildungsteilnehmern, Beratern und erfahrenen Praktikern gleichermaßen kurze und prägnante sowie wissenschaftlich fundierte und praxisnahe Informationen rund um die Themen Organisation und Unternehmensführung, Personal, Marketing und Strategie, Qualitätsmanagement sowie Finanzen liefert.

Der Ihnen vorliegende Titel »Projekte erfolgreich managen« behandelt ein heute und in Zukunft für das Gesundheitswesen relevantes Thema. In Zeiten kontinuierlicher Veränderungen brauchen wir ein Instrument, mit dem wir neuartige Probleme effizient lösen können. Projektmanagement ist ein Instrument, das Strukturen im Rahmen der Problemlösung liefert und uns hilft, sicher das Ziel zu erreichen. Der Erfolg im Projektmanagement hängt dabei maßgeblich von der Fach-, Methoden- und Sozialkompetenz des Projektleiters ab. Mit diesem Buch bekommen Sie die Chance, Ihre Projektmanagementkompetenz zu erweitern, Konflikten im Projekt präventiv zu begegnen, Strukturen zu schaffen und die richtige Dokumentation zu wählen.

Beim Lesen des Buchs wünsche ich Ihnen viel Spaß und hoffe, dass Sie einige Impulse in Sachen Projektmanagement gewinnen können.

Christian Loffing

Charaktere und Unternehmen in diesem Buch

In diesem Buch werden Sie mit fiktiven Personen und Unternehmen konfrontiert, die einen Transfer in die Praxis erleichtern sollen. Verbindungen zu realen Personen und Unternehmen sind nicht gewollt, sondern rein zufällig.

Manfred Gaworski
Geschäftsführer in der St. Johannes Krankenhaus GmbH und Mentor von Herrn Blankmann

Peter Blankmann
Nachwuchsführungskraft in der St. Johannes Krankenhaus GmbH

Elisabeth Reichelt
Pflegedienstleitung in der St. Johannes Krankenhaus GmbH

Andrea Höltken-Schnabel
Stationsleitung in der St. Johannes Krankenhaus GmbH

Bärbel Kaltenbach
Qualitätsmanagementbeauftragte in der St. Johannes Krankenhaus GmbH

Der Transfer der Inhalte in die Praxis erfolgt primär unter
Berücksichtigung der folgenden drei Unternehmen:

a) Ambulante Hauskrankenpflege ProCura GbR
   – ein ambulanter Pflegedienst
b) Seniorenresidenz Sonnenstift gGmbH
   – ein Seniorenheim
c) St. Johannes Krankenhaus GmbH
   – ein Krankenhaus

Inhaltsverzeichnis

Kapitel 1:
Auf dem Weg zu mehr Qualität

> **Definition**
> *»... ein Projekt ist ein außergewöhnliches Vorhaben«* schreibt der namhafte Unternehmensberater und Projektmanager Madauss zum Begriff Projekt (vgl. Madauss, 2000).

Projektmanagement ist in den letzten Jahren zu einem populären Schlagwort geworden. Der Begriff wird nahezu inflationär benutzt. Forderungen wie Wettbewerbsfähigkeit, Kunden- bzw. Patientenzufriedenheit sowie neue Technologien und sich verändernde Arbeitsabläufe erwarten eine kontinuierliche Weiterentwicklung der Unternehmen. Projektarbeit soll als effiziente Form der Problemlösung und des Veränderungsmanagements dazu dienen, diesen Prozess erfolgreich zu unterstützen. Projekte helfen, effizient Lösungen zu entwickeln und Veränderungen in Gang zu setzen. Gesucht werden hierfür Mitarbeiter, die sich neben ihren Abteilungsaufgaben auch der Projektarbeit widmen können. Auf der Grundlage ihrer Kompetenzen werden diese Mitarbeiter für Projektgruppen rekrutiert.

Insbesondere im Sozial- und Gesundheitswesen ist Projektmanagement aufgrund kontinuierlicher Veränderungsprozesse gefragt.

Projekt bedeutet Problemlösung, oder?

Doch ob durch ein Projekt Probleme wirklich gelöst werden können, kann vorab nicht prophezeit werden. In Projekten bearbeitet man neuartige Probleme, der Lösungsweg ist hier noch nicht bekannt. Des Weiteren können zahlreiche äußere Einflussfaktoren den Erfolg eines Projekts negativ beeinflussen. Mit der richtigen organisatorischen Einbindung kann jedoch der Grundstein für eine erfolgreiche Projektarbeit gelegt werden.

Lernziele Kapitel 1

In diesem Kapitel lernen Sie, was die Begriffe »Projekt« und »Projektmanagement« eigentlich bedeuten, wo sie herkommen und wo sie einzuordnen sind. Durch die in der Literatur nicht einheitliche Verwendung des Begriffs »Projekt« herrscht kaum noch eine Eindeutigkeit. Spezielle Kennzeichen und Abgrenzungen gegenüber anderen Termini sollen Ihnen helfen, den Begriff zu erfassen. Des Weiteren wird der Nutzen von Projektmanagement diskutiert.

 Input-Check – Wesentliche Inhalte

Projekte zeichnen sich durch Neuartigkeit/Risiko, zeitliche Begrenztheit, Komplexität, Beteiligung mehrerer Stellen und eine Konkurrenz um Ressourcen aus. Projekte können als reine Projektorganisation, Einfluss-Projektorganisation, Projekt-Matrixorganisation oder projektorientierte Teilorganisation durchgeführt werden. Suchen Sie die für Sie am besten geeignete Organisationsform und unterstützen Sie das Projektteam mit allen Ihnen zur Verfügung stehenden Mitteln, ein Erfolg ist dann mit großer Sicherheit zu erwarten.

1.1 Projektmanagement – Eine Notwendigkeit

Das Gesundheits- und Sozialwesen befindet sich seit Jahren in einem grundlegenden Umbruch. Die Finanzierung der bisherigen Dienstleistungserbringung ist fraglich geworden, wenn man berücksichtigt, dass die 1995 eingeführte Pflegeversicherung im Jahre 2005 ein Defizit von 1 Milliarde Euro erreichen wird (*http://www.insm.de*, 01. 05. 2005). Hinzu kommt der Wertewandel in der Bevölkerung, der eine verstärkte Prävention von Erkrankungen in den Vordergrund rückt. Die tradierten Unternehmen des Gesundheits- und Sozialwesens sehen sich mit einem aus diesen sowie weiteren Faktoren resultierenden Wandel konfrontiert, der mithilfe professioneller Projektarbeit gestaltet werden kann.

> **Reminder!**
> Wenn wir als eine Organisation im Gesundheitswesen die gravierenden Probleme im Sozial- und Gesundheitswesen lösen wollen, brauchen wir ein effizientes Projektmanagement.

1.2 Kurze Geschichte des Projektmanagements

Von den Pyramiden zur chinesischen Mauer
In der Geschichte der Menschheit finden sich eine Reihe von großen Projekten, etwa der Bau großer Schlösser, der Pyramiden und der chinesischen Mauer. Zahlreiche Projekte dieser Art umfassten einen Zeitraum von mehreren Jahrzehnten bis zu ihrer endgültigen Fertigstellung und erforderten ein professionelles Management. Vergleichbar gigantisch wie diese monumentalen Werke des Altertums müssen in der Neuzeit

der Bau von Panama- und Suezkanal betrachtet werden. Noch heute begeistern diese Bauwerke allesamt durch ihr imposantes Antlitz.

Militär und Raumfahrtprojekte

Weitaus weniger Begeisterung lösen dagegen Gedanken an unzählige kriegerische Vorhaben in der Geschichte der Menschheit aus. Auch diese setzten jedoch seit je her ein gezieltes Management voraus. Richtet man den Fokus auf den 2. Weltkrieg, so hatten u. a. die USA sehr große Vorhaben zu realisieren (schnelle Aufrüstung, Bau der Atombombe etc.). Komplizierteste Spezialaufträge mussten unter Zeitdruck professionell erfüllt werden, unterschiedlichste Personen wirkten in einzelnen Projektteams zusammen, Flexibilität, Kreativität und Innovationsgeist waren gefragt. Schnell wurde in diesem Zusammenhang realisiert, dass bisherige und bewährte Organisationsmethoden zur Aufgabenbewältigung in diesen Fällen nicht ausreichten (vgl. Webb, 1969). Der Grundgedanke des modernen Projektmanagements als wissenschaftliche Disziplin der Managementlehre wurde zu diesem Zeitpunkt geboren. Die grundlegenden Konzepte des Projektmanagements entstanden zunächst bei den Rüstungsprojekten. Später fand eine Weiterentwicklung und Anwendung v. a. in den zahlreichen Raumfahrtprojekten der USA statt. Der enorme Aufwand der Koordination von Institutionen und Industrien bei der Entwicklung dieser Großsysteme machte ein besonderes Vorgehen notwendig (vgl. Madauss, 2000; Litke & Kunow, 2002).

Projektmanagement heute

In Deutschland betrachtete man mit dem Bekanntwerden des Begriffs in den sechziger Jahren des 20. Jahrhunderts lange Zeit reine Werkzeuge zur Projektplanung und -steuerung. Unter Projektmanagement wurde zu diesem Zeitpunkt die Anwendung der so genannten *Netzplantechnik* verstanden. Netzplantechnik stellt jedoch nur einen Teilbereich des Projektmanagements dar. Erst in den letzten 10 bis 20 Jahren hat sich Projektmanagement auch hierzulande zu einem Managementsystem weiterentwickelt, das sich mittlerweile reger Anwendung erfreut (vgl. Abb. 1).

Abb. 1: Projektmanagement im Krankenhaus

Auch in Zukunft wird sich der Erfolg von Projektmanagement weiter fortsetzen. Unter Berücksichtigung der in diesem Kapitel bereits angesprochenen Veränderungen im Sozial- und Gesundheitswesen kommt der Durchführung von Projekten eine hohe Bedeutung zu. Viele Einrichtungen werden auf Projektmanagement nicht verzichten können (vgl. Madauss, 2000).

Reminder!
Projektmanagement ist seit Jahrhunderten gefragt und spielt gerade heute eine zunehmend bedeutendere Rolle. Unternehmen unterliegen heute einem kontinuierlichen Wandel. Sie brauchen Projektmanagement um aktuelle und zukünftige Herausforderungen bewältigen zu können.

1.3 Was ist eigentlich ein Projekt?

1.3.1 Abgrenzung des Begriffs Projekt

Der Begriff »Projekt(-management)« fällt zunehmend häufiger in Unternehmen, immer mehr Projekte werden auch in Einrichtungen im Sozial- und Gesundheitswesen durchgeführt. Neben der Tatsache, dass zahlreiche innovative Aufgaben gelöst werden müssen, für die sich Projektarbeit anbietet, ist dies sicherlich auch darauf zurückzuführen, dass der Begriff »in« ist. Heutzutage werden z. T. selbst einfache Linienaufgaben als Projekt bezeichnet, wenn sich eine Führungskraft mit der Bezeichnung »Projektleiter« schmücken möchte. Kraus und Westermann (2002) empfehlen in diesem Zusammenhang eine Differenzierung zwischen:

- *Routinearbeiten,*
- *Sonderaufgaben* und
- *Projekten.*

Projektarbeit vs. Routinearbeit

Projekte sind im Vergleich zu den Routinearbeiten etwas Besonderes. Sie haben eine gewisse Gewichtigkeit, da es i.d.R. um Innovationen für das Unternehmen geht. Die Projektlösungen können weit reichende Konsequenzen haben. Bei Routinearbeiten handelt es sich dagegen um Linienaufgaben, die täglich wiederkehrend bearbeitet werden.

Projektarbeit vs. Sonderaufgaben

Auch von den Sonderaufgaben unterscheiden sich Projekte deutlich. »Aufgaben sind Verpflichtungen zum Erreichen von Lösungen« schreiben Olfert und Steinbuch (2002, S. 14). Bei Projekten kann dagegen keine Verpflichtung erteilt werden, vielfach sind die Ergebnisse spekulativ.

Projektkennzeichen

Projekte im eigentlichen Sinne können durch die folgenden fünf klassischen Merkmale gekennzeichnet werden (vgl. Olfert & Steinbuch, 2002; Kraus & Westermann, 2002; Litke & Kunow, 2002):

- *Neuartigkeit/Risiko*: Vornehmlich sind Neuerungen/Innovationen Thema eines Projekts. Dementsprechend lässt sich nie mit 100prozentiger Sicherheit sagen, ob das anvisierte Ziel auch wirklich erreicht wird. Projekte sind risikobehaftete, einmalige Veranstaltungen, bei denen man viel »ausprobieren« muss. Kreativität und Flexibilität sind hierbei gefragt.
- *Zeitliche Begrenztheit*: Im Gegensatz zu vielen Aufgaben sind Projekte grundsätzlich zeitlich begrenzt. Im Projektplan wird

die Zeitspanne gesondert berücksichtigt und spielt auch im Zusammenhang mit der Kalkulation der Kosten eine entscheidende Rolle.

- *Komplexität*: Projekte sind in vielerlei Hinsicht ganzheitliche Aufgaben. Neben planerischen und operativen Aufgaben ist immer auch eine Evaluation durchzuführen.
- *Beteiligung mehrerer Stellen*: Meist sind mehrere Personen in die Entwicklung einer innovativen Idee eingebunden. Diese stammen aus unterschiedlichen Abteilungen und haben unterschiedliche Qualifikationen. Motivierte Mitarbeiter lösen schwierige Aufgaben im Projektteam.
- *Konkurrenz um Ressourcen*: Personelle, finanzielle und materielle Mittel werden für die Durchführung von Projekten benötigt. Da diese Mittel nur begrenzt zur Verfügung stehen, kommt es zu einer Konkurrenz um verfügbare Ressourcen.

Auch in der DIN 69901 spiegeln sich die zuvor genannten klassischen Merkmale in der Definition des Begriffs »Projekt« wieder. Ein Projekt wird hier als Vorhaben beschrieben, das »*im Wesentlichen durch Einmaligkeit der Bedingungen in ihrer Gesamtheit gekennzeichnet ist, wie z. B. Zielvorgabe; zeitliche, finanzielle, personelle oder andere Begrenzungen; Abgrenzung gegenüber anderen Vorhaben; projektspezifische Organisation.*«

Reminder!
Ein Projekt ist ein Projekt, wenn es folgende fünf Kriterien erfüllt:
1. Neuartigkeit/Risiko
2. Zeitliche Begrenztheit
3. Komplexität
4. Beteiligung mehrere Stellen
5. Konkurrenz um Ressourcen

1.3.2 Arten von Projekten

Die Vielfalt möglicher Projekte, mit denen Menschen im beruflichen und privaten Bereich konfrontiert werden können, ist auch unter strenger Berücksichtigung der in Kapitel 1.2.1 genannten Merkmale enorm. Olfert und Steinbuch versuchen Abhilfe zu schaffen und unterscheiden auf einer übergeordneten Ebene zunächst folgende drei Arten von Projekten (2002):

- *persönliche Projekte* (berufliche und private Projekte, die einen Menschen im Laufe seines Lebens begleiten)
- *staatliche Projekte* (von Bund, Ländern und Kommunen initiiert)
- *Unternehmensprojekte* (kommen als größere oder kleinere Projekte mit unterschiedlicher Häufigkeit in Unternehmen vor)

> **Reminder!**
> Jede Projektart erfordert eine besondere Vorgehensweise und besondere Ressourcen.

Fokus Unternehmensprojekte
Persönliche und staatliche Projekte sind nicht Gegenstand dieses Buchs. Dagegen wird der Fokus in den folgenden Kapiteln auf Unternehmensprojekte gerichtet. Jedoch ist auch eine Auflistung sämtlicher Typen von Unternehmensprojekten aufgrund ihrer Vielfalt ausgesprochen schwierig. Ersatzweise soll an dieser Stelle eine kurze Charakterisierung von ausgewählten besonderen Aufgaben im Sozial- und Gesundheitswesen weiterhelfen, die allesamt Projektcharakter haben (in Anlehnung an Kraus & Westermann, 2002):

- *Studien, Expertisen* (Beispiel: In einem Krankenhaus wird eine Befragung der Patienten zu ihrer Zufriedenheit durchgeführt.)
- *Neue Dienstleistungen* (Beispiel: In einem ambulanten Pflegedienst soll die bisherige pflegerische Versorgung von Patienten durch ein Angebot besonderer hauswirtschaftlicher Dienstleistungen ergänzt werden.)
- *Anpassung von Dienstleistungen* (Beispiel: Primary Nursing soll auf einer Station eines Krankenhauses eingeführt werden.)
- *Bauprojekte* (Beispiel: Ein Krankenhaus plant im Zuge der Einführung der DRG's den Bau einer Kurzzeitpflegestation, die dem Krankenhaus angegliedert werden soll.)
- *Rationalisierung* (Beispiel: Zwecks Kostenreduktion sollen die Pflegetouren in einem ambulanten Pflegedienst erlösorientiert geplant werden.)
- *Organisationsentwicklung* (Beispiel: Die bisherige Überleitung von Patienten soll im Zuge der Einführung des Expertenstandards Überleitungspflege neu organisiert werden.)
- *EDV* (Beispiel: In einem Krankenhaus soll in der Verwaltung ein neues Managementinformationssystem eingeführt werden.)

Zahlreiche weitere Beispiele lassen sich finden, zahlreiche weitere besondere Aufgaben haben Projektcharakter und könnten an dieser Stelle ergänzt werden.

Reminder!
Die aktuelle Situation im Sozial- und Gesundheitswesen liefert vielfältige Möglichkeiten für die Durchführung von Projekten.

1.3.3 Zum Begriff des Projektmanagements

Projektmanagement umfasst in Anlehnung an die DIN 66901 die Gesamtheit von Führungsaufgaben, Führungsorganisation, Führungstechniken und Führungsmitteln für die Abwicklung von Projekten. Im Schwerpunkt handelt es sich beim Projektmanagement um eine Führungskonzeption, die dazu dient, Projekte zielorientiert und effizient abzuwickeln. Hierbei müssen organisatorische, methodische und zwischenmenschliche Aspekte berücksichtigt werden.

Aufgaben des Projektmanagements
Zu den Aufgaben des Projektmanagements gehören im Einzelnen:
- Projektplanung und -steuerung,
- organisatorische Gestaltung des Projekts,
- Führung des Projektteams sowie
- Koordination und Kommunikation (sowohl intern als auch extern).

Zur kompetenten Erfüllung der Aufgaben in einem Projekt werden Planungsinstrumente, Steuerungsinstrumente, Führungsmethoden und Organisationsmodelle unterstützend eingesetzt. Diese Instrumente sollten dem Projektmanager zur Verfügung stehen, da sie eine ganzheitliche Bearbeitung ermöglichen (vgl. Kraus & Westermann, 2002).

> **Reminder!**
> Die erfolgreiche Durchführung der Projektaufgaben erfordert ein besonderes Instrumentarium.

»Neuzeitliche Methoden und Verfahren müssen nicht kompliziert, sondern einfach sein« schreibt Madauss (2000).

> **Quick-Tipp!**
> Bei der Auswahl und dem Einsatz von Projektmanagement-
> werkzeugen sollten Sie der KISS-Formel folgen:
> **K**eep **i**t **s**imple **s**tupid.

Steigende Bedeutung

Projektmanagement gewinnt zunehmend an Bedeutung. Auch im Sozial- und Gesundheitswesen ist diese anspruchsvolle Aufgabe nicht mehr wegzudenken. Die Ursachen liegen in den veränderten wirtschaftlichen Rahmenbedingungen: Globalisierung, gestiegener Konkurrenzdruck, technischer Fortschritt und gewachsene Kundenansprüche führen dazu, dass in den Unternehmen immer mehr Leistungserstellungen in Form von Projekten durchgeführt werden. Beispiele:

- Kürzer werdende Produktlebenszyklen bei einer breiten Produktpalette machen eine hohe Zahl an Neuentwicklungen notwendig. Auch neue Dienstleistungen werden kontinuierlich entwickelt.
- Zur Verbesserung der Wettbewerbsfähigkeit werden in vielen Unternehmen Reorganisationsprojekte durchgeführt.
- Neue Informations- und Kommunikationstechnologien machen die Einführungen aktueller EDV-Lösungen in den Unternehmen möglich und notwendig.
- Viele Aufträge werden kundenspezifisch als Projekte durchgeführt.

Der Rationalisierungs- und Reformdruck, mit dem sich Einrichtungen im Sozial- und Gesundheitswesen seit Jahren konfrontiert sehen, forciert v. a. so genannte Reorganisationsprojekte. Für die Erledigung projektbezogener Aufgaben steht den Unternehmen mit dem Projektmanagement ein geeignetes und effizientes Instrumentarium zur Verfügung. Obwohl Projektmanagement häufig nur mit großen und komplexen Vorhaben assoziiert wird, kann ein systematisches Projektmanagement auch bei kleineren Vorhaben effektiv und mit großem Nutzen eingesetzt werden.

Reminder!
Projektmanagement wird auch in Zukunft an Bedeutung gewinnen.

1.4 Organisatorische Einbindung von Projekten

An Projekten in einem Unternehmen sind unterschiedliche Mitarbeiter beteiligt. Diese werden mit einem dem Aufwand entsprechenden Stundenumfang freigestellt oder wirken hauptamtlich in einer Projektgruppe mit. Die Projektgruppe kann dabei unterschiedlich in die Organisation eingebunden werden (vgl. Abb. 2, Abb. 3, Abb. 4, Abb. 5). Mit jeder Form der organisatorischen Einbindung gehen Vor- und Nachteile einher. Die jeweils am besten geeignete Form muss in Abhängigkeit von der Art des Projekts, seinem Stellenwert, der zeitlichen Begrenztheit etc. gefunden werden. Unternehmen, die von dem Erfolg eines bestimmten Projekts besonders abhängig sind und denen wenig Zeit zur Verfügung steht, werden sich eher für eine reine Projektorganisation (vgl. Kap. 1.4.1) entscheiden als Unternehmen, die ein kleineres abteilungsinternes Problem mithilfe eines Projektteams lösen wollen. Letztere werden sich eher für eine projektorientierte Teilorganisation (vgl. Kap. 1.4.4) entscheiden.

1.4.1 Reine Projektorganisation

Die Arbeit in Projektgruppen kann in einem Unternehmen in Form einer reinen Projektorganisation erfolgen. Man spricht in diesem Zusammenhang häufig von der Einberufung einer so genannten »task-force«.

Die wesentlichen Kennzeichen der reinen Projektorganisation sind:

- Die Projektmitarbeiter sind während der Dauer des Projekts nicht ihrem Linienvorgesetzten unterstellt, sondern dem Projektleiter.
- Der Projektleiter verantwortet das Projekt nach außen.
- Es handelt sich um eine Parallelorganisation mit hoher Eigenständigkeit und eigener Infrastruktur.

Abbildung 2 verdeutlicht die reine Projektorganisation grafisch.

In Tabelle 1 sind die Vor- und Nachteile dieser Organisationsform gegenübergestellt.

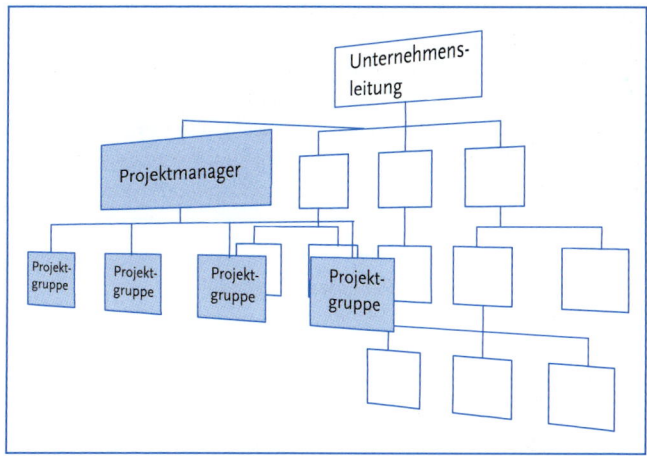

Abb. 2: Reine Projektorganisation

Tab. 1: Vor- und Nachteile der reinen Projektorganisation

Vorteile	Nachteile
• Mitarbeiter können sich vollständig auf das Projekt konzentrieren • Schnelle Bearbeitung der Projektaufgabe • Klare Abgrenzung gegenüber den bisherigen Aufgaben und gegenüber der bisherigen Einbindung in eine Abteilung	• Mitarbeiter fehlt vollständig in der Abteilung, aus der er kommt • Linienvorgesetzter hat keinen Einfluss mehr auf Mitarbeiter • Etwaig begonnene Aufgaben können nicht weitergeführt werden • Erschwerte Rückkehr des Mitarbeiters an seinen bisherigen Arbeitsplatz nach Abschluss des Projekts

Quick-Tipp!
Die reine Projektorganisation bietet sich v. a. für folgende Projekte an:
- besonders wichtige Projekte, die unter hohem Zeitdruck bearbeitet werden müssen und eine sofortige Integration ausgewählter Mitarbeiter mit besonderen Kompetenzen erfordern

Praxis-Check – Starker Patientenrückgang, task-force soll helfen
In der Ambulante Hauskrankenpflege ProCura GbR ist die Anzahl der Gesamtkunden in den letzten zwei Wochen, bedingt durch Tod und Abwanderung, stark zurückgegangen. Eine task-force, bestehend aus Geschäftsinhaberin, Pflegedienstleitung und einem langjährigen Mitarbeiter, soll eine Lösung herbeiführen. Die Projektgruppenmitglieder treffen sich am Samstagmorgen und wollen bis Sonntag 20.00 Uhr einen Vorschlag entwickeln, wie mit dieser Situation umzugehen ist. Vereinbart ist, dass am Abend des ersten Tages Pizza bestellt wird und bis spät in die Nacht durchgearbeitet werden soll. Die Teilnehmer sind zuversichtlich, dass eine Lösung gefunden werden kann.

1.4.2 Einfluss-Projektorganisation

Zahlreiche Unternehmen führen Projekte in Form einer Einfluss-Projektorganisation durch. Hier werden ähnlich wie bei der reinen Projektorganisation (vgl. Kap. 1.4.1) Mitarbeiter aus unterschiedlichen Abteilungen von einem Projektkoordinator rekrutiert. Er fordert von den Projektmitarbeitern die Kompetenzen ab, die er zur Erledigung der Projektaufgabe benötigt.

Diese Organisationsform im Projektmanagement ist die im Gesundheitswesen am häufigsten vorzufindende Form. Den Besonderheiten des Projektleiters widmen wir uns in Kapitel 2.

Die wesentlichen Kennzeichen der Einfluss-Projektorganisation sind:

- Die Projektkoordination erfolgt durch eine Stabsstelle, die die Projektleitung übernimmt; damit gibt es keine Weisungs- und Entscheidungskompetenz durch den Projektleiter.
- Die Mitarbeiter bleiben in der funktionalen Hierarchie des Unternehmens.
- Der Projektleiter übernimmt lediglich eine Koordinations- und Informationsfunktion.

Abbildung 3 verdeutlicht die Einfluss-Projektorganisation grafisch.

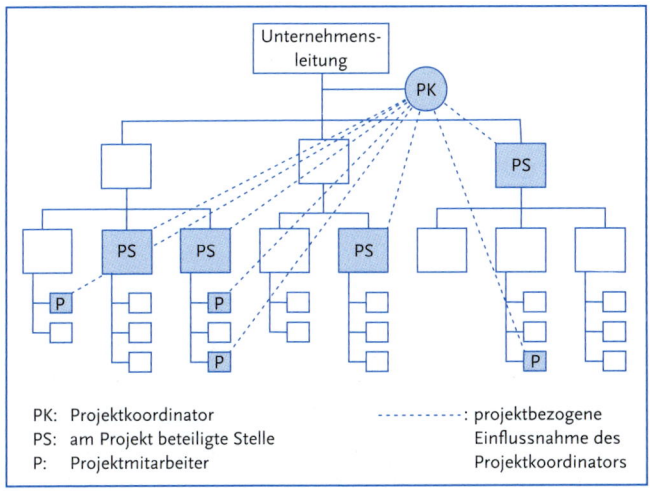

PK: Projektkoordinator
PS: am Projekt beteiligte Stelle
P: Projektmitarbeiter

----------: projektbezogene Einflussnahme des Projektkoordinators

Abb. 3: Einfluss-Projektorganisation

In Tabelle 2 sind die Vor- und Nachteile dieser Organisationsform gegenübergestellt.

Tab. 2: Vor- und Nachteile der Einfluss-Projektorganisation

Vorteile	Nachteile
• Organisationsablauf in der Ab-teilung des Mitarbeiters wird nicht wesentlich gestört • Mitarbeiter können ihren eigentlichen Aufgaben nach-kommen • Organisationsform, die sich schnell realisieren lässt	• Projektziele werden nicht erreicht, da es zu Rollenkon-flikten zwischen hauptamt-licher Tätigkeit und Projekt-tätigkeit eines Mitarbeiters kommt • für Mitarbeiter stellt die Pro-jektarbeit meist eine zusätz-liche Belastung dar • Projektleiter hat kaum Ein-fluss auf den Beitrag der einzelnen Mitarbeiter • Hoher Abstimmungsauf-wand zwischen Projektleiter und Linienvorgesetztem

Quick-Tipp!
Die Einfluss-Projektorganisation bietet sich v. a. für folgende
Projekte an:
• Projekte, die im Wesentlichen vom Projektkoordinator erle-
digt werden können und nur geringen Einsatz anderer Mit-
arbeiter erfordern

1.4.3 Projekt-Matrixorganisation

Projekte können auch in Form einer Projekt-Matrixorganisation
durchgeführt werden. Der Projektmitarbeiter hat hier zwei Vorgesetzte: den Projektleiter und seinen Linienvorgesetzten.

Die wesentlichen Kennzeichen der Projekt-Matrixorganisation
sind:

- Der Projektleiter bestimmt hierbei das Projektziel, die zu
  erbringenden Leistungen, die zur Verfügung stehenden Mittel und die Termine.
- Der funktionale Vorgesetzte legt fest, welcher Mitarbeiter die
  Aufgabe übernimmt, mit welchen Methoden er diese durch-
  führt und welche Qualität das Ergebnis haben soll.

Abbildung 4 verdeutlicht die Projekt-Matrixorganisation grafisch.

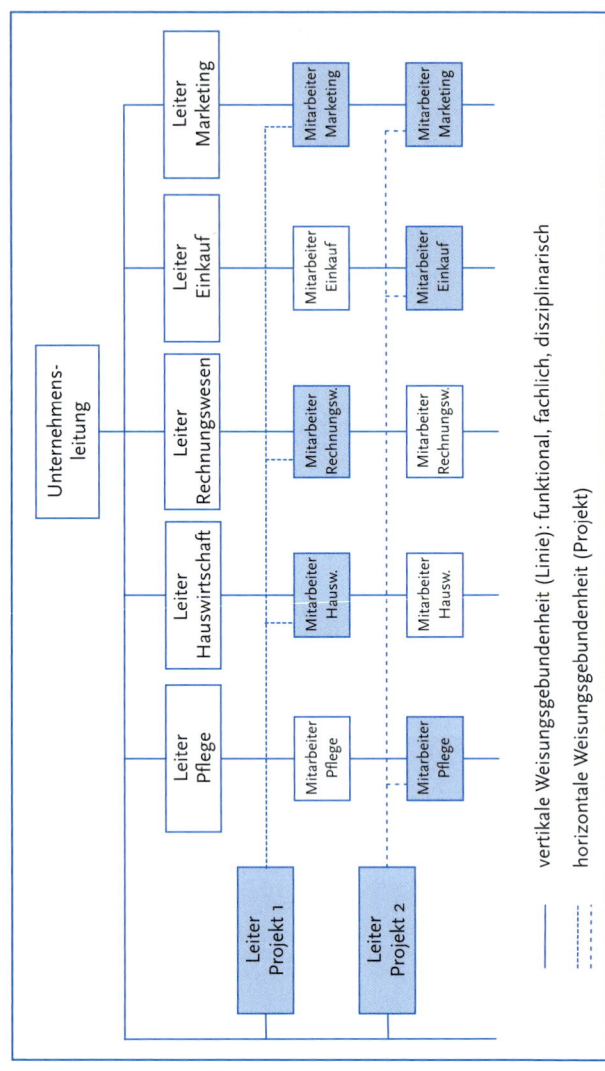

Abb. 4: Projekt-Matrixorganisation

vertikale Weisungsgebundenheit (Linie): funktional, fachlich, disziplinarisch

horizontale Weisungsgebundenheit (Projekt)

In Tabelle 3 sind die Vor- und Nachteile dieser Organisationsform gegenübergestellt.

Tab. 3: Vor- und Nachteile der Projekt-Matrixorganisation

Vorteile	Nachteile
• Gesicherte Einflussnahme durch Linienvorgesetzten und Projektleiter in vorbestimmtem Rahmen • Chance für den Linienvorgesetzten, den aktuell am besten geeigneten und zu entbehrenden Mitarbeiter zu bestimmen	• Abstimmungsschwierigkeiten zwischen Projektleiter und funktionalem Vorgesetzen • Rollenkonflikte beim Mitarbeiter • Projektleiter erhält nicht immer den fachlich am besten geeigneten Mitarbeiter, sondern den, der gerade am besten entbehrt werden kann

Quick-Tipp!
Die Matrix-Projektorganisation bietet sich v. a. für folgende
Projekte an:
• Projekte, die unterschiedliche Kompetenzen von Mitarbeitern erfordern, die in ihrer festen Stelle wichtige Aufgaben zu erfüllen haben und die nicht einfach entbehrt werden können

Praxis-Check – Bau eines neuen operativen Zentrums

Im Krankenhaus St. Josef soll ein neues operatives Zentrum entstehen. Unterschiedliche Personen und Professionen müssen hier in die Planung mit einbezogen werden. Diese können jedoch nicht im Sinne einer task-force abgestellt werden, da der weitere Betrieb im Krankenhaus nicht gestört werden darf. Man hat sich aus diesem Grund für eine Projekt-Matrixorganisation entschieden.

1.4.4 Projektorientierte Teilorganisation

Projekte können auch in Form einer projektorientierten Teilorganisation durchgeführt werden. Hier wird aus Mitarbeitern einer Abteilung, respektive einem Team, eine Projektgruppe gebildet.

Die wesentlichen Kennzeichen der projektorientierten Teilorganisation sind:

- Die Linienorganisation wird nicht verändert.
- Die Projektleitung erfolgt durch Mitglieder der Abteilungsleitung.
- Die Projektmitarbeiter sind die Mitarbeiter einer Abteilung.

Abbildung 5 verdeutlicht die projektorientierte Teilorganisation grafisch.

In Tabelle 4 sind die Vor- und Nachteile dieser Organisationsform gegenübergestellt.

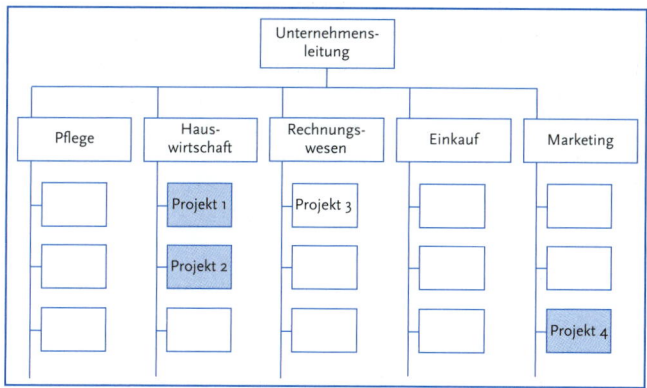

Abb. 5: Projektorientierte Teilorganisation

Tab. 4: Vor- und Nachteile der projektorientierten Teilorganisation

Vorteile	Nachteile
• Beste Möglichkeit, um Abteilungsaufgaben und Projektaufgaben zu koordinieren • Projektgruppenmitglieder kennen sich als Kollegen • Führungskraft ist bekannt und anerkannt	• Etwaig benötigte Kompetenzen anderer Abteilungen stehen nicht zur Verfügung • Etwaig bestehende Konflikte unter den Mitarbeitern werden mit in die Projektarbeit getragen • Eine klare Aufteilung von Abteilungs- und Projektaufgaben fällt nicht immer leicht

Quick-Tipp!
Die projektorganisierte Teilorganisation bietet sich v. a. für folgende Projekte an:
- Projekte, die von den Mitarbeitern einer Abteilung gut bewältigt werden können

Praxis-Check – Projekt auf Wohnbereich A
Im Wohnbereich A der Seniorenresidenz Sonnenstift gGmbH sollen regelmäßige Fallbesprechungen eingeführt werden. Die Wohnbereichsleitung setzt sich mit ihrer Stellvertretung und zwei weiteren Mitarbeitern zusammen und entwickelt ein Konzept für die Durchführung von Fallbesprechungen.

1.4.5 Projektmanagement durch externe Beratung

Die bisherigen Projektorganisationsformen skizzierten die Durchführung von Projekten durch Mitarbeiter aus den eigenen Reihen. Nicht immer lässt sich jedoch ein kompetenter Projektleiter in den eigenen Reihen finden, so dass auf eine externe Beratung zurückgegriffen werden muss. Meist wird der externe Projektleiter in Form der bereits skizzierten Einfluss-Projektorganisation eingebunden. Es ist jedoch auch denkbar, dass sogar die Projektmitarbeiter von der externen Beratungsfirma gestellt werden (vgl. Kap. 4). Dies ist immer dann der Fall, wenn die notwendigen Kapazitäten und Kompetenzen im Unternehmen nicht vorhanden sind.

In Tabelle 5 sind die Vor- und Nachteile dieser Organisationsform gegenübergestellt.

Tab. 5: Vor- und Nachteile von Projektmanagement durch externe Beratung

Vorteile	Nachteile
• Professionelle und schnelle Projektbearbeitung • Typische Projektfehler können vermieden werden	• Hohe Kosten • Schwierige Einarbeitung in die Rahmenbedingungen des Unternehmens, wenn dieses dem Projektleiter nicht bekannt ist • Mangelnde Akzeptanz durch Mitarbeiter • Schlechtere Erreichbarkeit des Projektteams, da keine eigenen Mitarbeiter

Quick-Tipp!
Projektmanagement durch externe Beratung bietet sich v. a. für folgende Projekte an:
• Projekte, die von eigenen Mitarbeitern nicht bewältigt werden können

Praxis-Check – EDV-gestützte Pflegedokumentation
Die Ambulante Hauskrankenpflege ProCura GbR hat sich für die Einführung einer EDV-gestützten Pflegedokumentation entschieden. Mit der Einführung wurde ein erfahrener EDV-Berater beauftragt. Dieser installiert die EDV, trainiert die Mitarbeiter und überwacht für einen begrenzten Zeitraum die Dokumentation.

Wofür brauchen wir Projektmanagement? In Zeiten stetigen Wandels überleben die Einrichtungen, die schnell und effizient reagieren können. Projektmanagement ist ein Instrument, mit dem den aktuellen und zukünftigen Herausforderungen begegnet werden kann.

Nutzenargumente, die für eine Projektarbeit als ein innovatives Vorhaben sprechen, sind folgende:

- Auf neue Anforderungen des Marktes und der Kunden kann sofort reagiert werden.
- Ein Projekt weist eine hohe Geschwindigkeit auf.
- Ein Problem kann ganzheitlich erfasst und gelöst werden.
- Arbeitsteilung erleichtert die Arbeit, da jedes Projektmitglied seine fachspezifischen Ressourcen einbringen kann.
- Durch das Projektteam kann ein vernetztes Denken stattfinden und Kreativität außerhalb der Hierarchien geschöpft werden.
- Mitarbeiter und Führungskräfte werden verstärkt gefordert.
- Die Verantwortung wird von mehreren Personen getragen.
- Der Informationsfluss wird sowohl intern als auch extern optimiert.
- Ziele werden bezüglich Ergebnis, Termine, Aufwand und Produktivität eingehalten.

Projektmanagement erfordert zwar anfangs mehr Aufwand, doch dieser rentiert sich später in Kosten- und Zeitersparnis.

Reminder!
Projektmanagement ist eine innovative und effiziente Form der Problemlösung. Die Ressourcen der Mitarbeiter können dabei voll ausgeschöpft werden.

Things to do:

Grenzen Sie ein Projekt klar ab, denn das ist die wichtigste Voraussetzung für den Erfolg.

- Der Projektmanager empfiehlt: »*Machen Sie Projektarbeit zu einem festen Bestandteil des Veränderungsmanagements in Ihrem Unternehmen.*«
- Der Projektmanager empfiehlt: »*Suchen Sie die für Ihr Projekt am besten geeignete Organisationsform.*«
- Der Projektmanager empfiehlt: »*Unterstützen Sie die Projektgruppe mit allen Ihnen zur Verfügung stehenden und geplanten Mitteln.*«

Quick-Check

- Was versteht man unter einem Projekt?
- Zählen Sie fünf Kennzeichen eines Projekts auf.
- Welche Aufgaben gehören zum Projektmanagement?
- Wo lässt sich das Projektmanagement in einem Unternehmen einordnen?
- Welche Vorteile der Projektarbeit fallen Ihnen ein?

Kapitel 2:
Der erfolgreiche Projektleiter

Nicht jeder kann Projektleiter werden
Projektarbeit unterscheidet sich durch zahlreiche Aspekte von den sonst zu erledigenden Routineaufgaben in einer Abteilung. Spezialisten aus unterschiedlichen Abteilungen sollen bei der Projektarbeit ein neuartiges Problem gemeinsam lösen. Dabei werden sie von einer Person geleitet, die in den meisten Fällen nicht der direkte Fachvorgesetzte ist, sondern ein Projektmanager, der die Gruppe und ihre Aufgaben moderiert und steuert (vgl. Kap. 1.4.2). Aufgrund dieser Besonderheiten sowie der Tatsache, dass von dem Projektergebnis die Zukunft eines Unternehmens abhängen kann, sollte diese Aufgabe von einem Mitarbeiter mit besonderen Qualifikationen übernommen werden. In vielen Projekten ist der Projektleiter ein Allroundtalent in einer Stabsstelle. Wenn wir bei der Diskussion der Stellung des Projektleiters unseren Fokus auf den Projektleiter als Moderator und Stabsstellen-Inhaber diskutieren, so heißt dies nicht, dass der Projektleiter mit Weisungs- und Entscheidungsbefugnis diese hier beschriebenen Kompetenzen nicht ebenso braucht. Ganz im Gegenteil wollen wir alle Projektleiter, unabhängig von ihrer organisatorischen Einbindung (vgl. Kap. 1.4), dazu einladen, die hier beschriebenen Aspekte zu verinnerlichen.

Kompetenzen notwendig
Ein erfolgreicher Projektleiter zeichnet sich durch eine hohe Fachlichkeit aus. Des Weiteren verfügt er über eine ausgeprägte Sozial- und Methodenkompetenz. Er kann die Mitglieder einer Projektgruppe motivieren und die Einzelergebnisse zu einem

aussagekräftigen Gesamtergebnis zusammenfassen. Er ist prä-
sentationsstark und kann überzeugen. Erfolgreiche Projektleiter
haben Erfahrung und eine lange Qualifizierung genossen. Sie
fühlen sich in der Bewältigung ihrer Aufgabe sicher.

Erfolgsfaktor Mensch
Die Qualifikationen und Kompetenzen des Projektleiters entscheiden maßgeblich über den Erfolg der Projektgruppenarbeit.
Ohne Projektleiter, respektive ohne kompetenten Projektleiter,
wird die Projektgruppenarbeit im Chaos versinken.

Lernziele Kapitel 2
In diesem Kapitel lernen Sie, wie Sie einen kompetenten Projektleiter auswählen und welche Aufgaben dieser zu bewältigen
hat. Des Weiteren wird der Fokus auf die Kompetenzen des Projektleiters gerichtet.

Input-Check – Wesentliche Inhalte
Der Erfolg in einem Projekt hängt maßgeblich von der Kompetenz
und dem Geschick des Projektleiters ab. Dieser muss neben Fachkompetenz auch über Sozial- und Methodenkompetenz verfügen.
Wesentliche Aufgaben des Projektleiters sind die Projektplanung,
-steuerung und -kontrolle. Bei der Auswahl des Projektleiters sollten
Sie sich auf den Einsatz eines strukturierten Interviews in Kombination mit einem Test verlassen. Auf diese Weise ist die höchste Vorhersagegenauigkeit für die erfolgreiche Bewältigung der Projektaufgabe
zu erwarten.

2.1 Aufgaben des Projektleiters

Der Projektleiter trägt eine große Verantwortung. Er ist für die Führung der Projektgruppe und Koordination der Teilergebnisse sowie Zusammenfassung der Teilergebnisse zu einem Gesamtergebnis verantwortlich. Hierbei handelt es sich mitunter um ein Ergebnis, das in Abhängigkeit von dem Projekt über den Erfolg oder Misserfolg eines Unternehmens(-wandels) entscheiden kann. Dementsprechend unterliegt die Auswahl des Projektleiters einer besonderen Aufmerksamkeit.

Die wesentlichen Aufgaben des Projektleiters sind:

- Teambildung
- Mitarbeiterführung
- Projektplanung
- Projektsteuerung
- Projektkontrolle
- Ergebnispräsentation

Abb. 6: Auswahl des Projektleiters

Exkurs
Auswahl des Projektleiters

Bei der Auswahl des Projektleiters empfehlen wir eine Kombination aus einem strukturierten Interview und dem Einsatz eines berufsbezogenen Testverfahrens. Auf diese Weise ist die höchste Vorhersagegenauigkeit bezüglich der Eignung zu erwarten (vgl. Schmidt & Hunter, 1998). Ein besonders geeignetes Testverfahren stellt ELIGO dar. Eine Testversion kann unter *http://www.eligo.de* gedownloadet werden.

Validität (Berufserfolg) von Tests mit anderen Verfahren

Verfahren	Validität		
	allein	Verf. + Test	Gewinn
Intelligenztest	0,51		
	0,31	**0,60**	0,29
Biographische Daten	0,35	0,52	0,17
Berufserfahrung	0,18	0,54	0,36
Einstellungsgespräch, normal	0,38	0,55	0,17
Einstellungsgespräch, strukturiert	0,51	**0,63**	0,12
Assessment-Center (Verhalten)	0,37	0,53	0,16
Arbeitsproben	0,54	**0,63**	0,09

nach Schmidt & Hunter (1988)

In der Tabelle wird deutlich, dass die besonders häufig angewandten »normalen« Einstellungs-/Bewerbungsgespräche mit einer Aussagekraft (Validität) für den Berufserfolg von durchschnittlich nur 0,38 wesentlich schlechter sind als z. B. Testverfahren oder fachmännisch konzipierte und komplexe strukturierte Interviews. Besonders auffallend ist in den Ergebnissen der Metaanalyse, dass gerade die Zusammenführung von standardisierten Testverfahren mit einem »persönlichen«, zwischenmenschlichen Verfahren (Einstellungsgespräch, Assessment-Center) gute Validitäten erbringt. Ein solcher »Methoden-Mix« ist auch dringend zu empfehlen, da persönliche Erfahrungen in besonderem Maße geeignet sind, jene Eigenschaften von Bewerbern abzuschätzen, die sich mit Testverfahren nicht oder kaum erfassen lassen (z. B. »persönliche Ausstrahlung«, »sympathische Erscheinung«, »Redegewandtheit« etc.). Besser bzw. gleich gut wie eine solche Kombination ist nur der Einsatz von Arbeitsproben, die sich natürlich nur dann realisieren lassen, wenn der Bewerber bereits entsprechende Berufserfahrungen hat und die auch dann immer vor dem Problem eines sehr großen Aufwands stehen.

2.1.1 Teambildung

In einem Projekt werden die Projektgruppenmitglieder entsprechend ihrer fachlichen Qualifikationen rekrutiert. Der Frage, ob die Personen auch entsprechend ihrer Persönlichkeit zusammenpassen wird oft nur wenig Aufmerksamkeit geschenkt. Hier kommt es auf den Projektleiter an, der aus der losen Gruppe von Einzelpersonen in kurzer Zeit und für einen überschaubaren Zeitraum ein Team formen muss.

Quick-Tipp!
Widmen Sie der Teambildung ausreichend Zeit. Eine verstärkte Investition zu Beginn des Projekts wird sich langfristig bezahlt machen. Potenziellen Konflikten kann präventiv begegnet werden.

Phasen der Teambildung

Die Bildung eines Teams findet in unterschiedlichen aufeinander aufbauenden Schritten statt. Es ist dabei nicht notwendig, dass Sie die Teambildung zu einem eigenständigen Programmpunkt in den Projektsitzungen machen. Lassen Sie Ihre Bemühungen lieber unterschwellig mit einfließen. Im Folgenden finden Sie die von Francis und Young vielfach belegten und kurz skizzierten Phasen der Teamentwicklung mitsamt einem Transfer für die Projektarbeit (vgl. Francis & Young, 1996).

Phase 1: Forming In dieser ersten Phase formiert sich ein entstehendes Team. Der Projektleiter kann diesen Prozess beschleunigen, indem er im Vorfeld einige wichtige Aspekte beachtet und bereits tätig wird.

Checkliste

Der Projektleiter sollte mit jedem Beteiligten ein Vorabgespräch führen; Inhalte:

* Kennenlernen des Projektteilnehmers (fachlicher Schwerpunkt und Persönlichkeit)
* Interesse an dem Projekt
* Erfahrungen des Projektteilnehmers in der Projektarbeit
* Stärken bzw. Ressourcen des Projektteilnehmers

Mit den vorab im Gespräch mit allen Projektteilnehmern gesammelten Informationen kann der Projektleiter das erste Treffen besser gestalten. Er kann bereits ableiten, welche unterschiedlichen Persönlichkeiten aufeinander prallen. Eine aus diesen Erkenntnissen resultierende strategisch günstige Sitzposition in dem Projektraum kann hilfreich sein. Schaffen Sie eine Sitzposition für alle Beteiligten, die einen regen Austausch fördert (runder Tisch). Vermeiden Sie jedoch eine Sitzposition, die etwaige im Vorfeld vorhandene Konflikte weiter fördert (Frontalposition).

Quick-Tipp!

1. Setzen Sie die Teilnehmer mit stark abweichenden Persönlichkeiten nicht gegenüber, sondern nebeneinander (am besten getrennt von einer anderen Person). Auf diese Weise beugen Sie entstehenden Konflikten vor.
2. Platzieren Sie die »schwierigste« Person unmittelbar neben sich selbst und mit Blick aus dem Fenster (soweit möglich). Auf diese Weise genießt diese Person ein bisschen Ablenkung und Sie können direkt Einfluss auf sie nehmen.

In der ersten Projektsitzung sollten Sie mit allen Beteiligten so genannte Spielregeln vereinbaren. Fragen Sie die Teilnehmer des Projekts nach Regeln, die die Zusammenarbeit betreffen und für einen reibungslosen Ablauf sorgen sollen. Erstellen Sie hierzu einen Flip-Chart-Bogen, den Sie unterschreiben lassen und bei jeder Sitzung wieder aufhängen (vgl. Abb. 7).

Sichern Sie sich als Projektleiter bereits in der ersten Sitzung die Rolle des Leiters. Es muss den Beteiligten klar sein, dass alle Fäden bei Ihnen zusammenlaufen. Achten Sie jedoch auch darauf, dass Sie selbst nicht zu autoritär wirken (vgl. Kap. 2.1.2). Bedenken Sie, dass der ersten Sitzung eine große Bedeutung zukommt. Verschenken Sie nicht schon zu Beginn die Chance, Vertrauen aufzubauen und zügig in die Phase der effizienten Zusammenarbeit zu kommen.

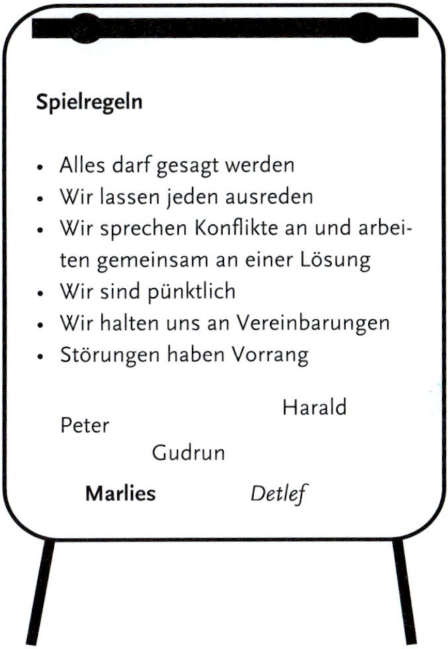

Spielregeln

- Alles darf gesagt werden
- Wir lassen jeden ausreden
- Wir sprechen Konflikte an und arbeiten gemeinsam an einer Lösung
- Wir sind pünktlich
- Wir halten uns an Vereinbarungen
- Störungen haben Vorrang

Harald

Peter

Gudrun

Marlies   *Detlef*

Abb. 7: Spielregeln für die Projektarbeit

Checkliste

Erfolgsfaktoren der ersten Phase

- Würdigen Sie alle Teilnehmer und ihr mitgebrachtes Engagement!
- Begegnen Sie persönlichen Konflikten präventiv (Sitzposition)!
- Stellen Sie verbindliche Spielregeln auf!

Phase 2: Storming In Teamentwicklungsprozessen konnte festgestellt werden, dass die Gruppenteilnehmer zu einem nicht genau vorherzubestimmenden Zeitpunkt in eine Phase des »Sturmes« geraten. Klar scheint jedoch, dass diese Phase im Anschluss an die Phase der Formierung folgt. Es handelt sich hierbei um die erste kritische Phase im Rahmen der Zusammenarbeit. Meist tritt sie nach anfänglicher Euphorie auf, wenn die Bearbeitung der Projektaufgaben mühselig wird. Konflikte mit der eigenen Projektaufgabe werden in die Situation in der Gruppe projiziert. Die Aufgabe des Projektleiters besteht darin, in dieser Phase zwischen den Projektteilnehmern zu vermitteln und sie zu einer weiteren Zusammenarbeit zu bewegen.

Checkliste
Der Projektleiter sollte potenzielle Konflikte frühzeitig erkennen
- Wie verändert sich die Körperhaltung der einzelnen Teilnehmer gegenüber den anderen Teilnehmern?
- Sind verbale Auseinandersetzungen offensichtlich und erhöht sich die Anzahl dieser und anderer Formen der Konfrontation?
- Ist eine abnehmende Bereitschaft zur Konfliktlösung zu erkennen?

Im Rahmen der Konfliktlösung sollte vonseiten des Projektleiters darauf geachtet werden, keinen Kompromiss einzugehen, sondern stattdessen immer einen neuen Lösungsweg zu finden. Der entscheidende Nachteil bei einem Kompromiss liegt darin, dass es in jeder Konfliktpartei Gewinner und gleichzeitig Verlierer gibt. Bei einem neuen Lösungsweg können jedoch die Bedürfnisse beider Parteien zu 100 % berücksichtigt werden (vgl. Abb. 8). Beide Parteien werden Gewinner.

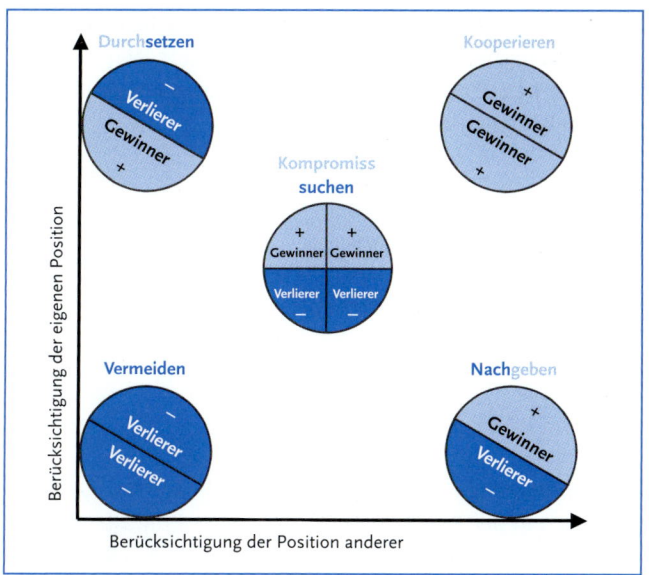

Abb. 8: Gewinn bei unterschiedlichen Konfliktlösungsstrategien

In Abbildung 8 ist deutlich erkennbar, dass der größte Gewinn für beide Konfliktparteien in der konstruktiven Suche nach einer gemeinsamen neuen Lösung liegt.

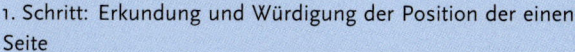

Quick-Tipp!
Konfliktlösung in drei Schritten
1. Schritt: Erkundung und Würdigung der Position der einen Seite
2. Schritt: Erkundung und Würdigung der Position der anderen Seite
3. Schritt: Suche nach einem gemeinsamen neuen Weg

Wird diese Phase erfolgreich überwunden, so entstehen neben den eingangs erwähnten Spielregeln weitere Normen (vgl. Phase 3), die auf dem Weg zu Höchstleistungen (vgl. Phase 4) eine unabdingbare Voraussetzung sind.

Checkliste

Erfolgsfaktoren der zweiten Phase

- Lassen Sie keinen Konflikt unberücksichtigt!
- Gehen Sie keine Kompromisse ein, suchen Sie neue Lösungswege!
- Betrachten Sie Konflikte als einen Gewinn für die weitere Zusammenarbeit!

Phase 3: Norming Im Anschluss an »Sturm und Drang« entwickeln sich in der Projektgruppe mithilfe des Projektleiters Normen. Eine Besinnung auf die eingangs festgelegten Spielregeln sowie das Aufstellen weiterer Regeln tragen zu einer langfristig erfolgreichen Zusammenarbeit bei. Bringen Sie als Projektleiter in Erfahrung, was die Gruppe noch benötigt, um erfolgreich zu sein.

Quick-Tipp!
Betrachten Sie Konflikte als eine Belebung der Projektgruppenarbeit. Konflikte verdeutlichen unterschiedliche Positionen und ermöglichen neue Wege zum Ziel. Sorgen Sie nach anfänglichen Konflikten für Ruhe und Konzentration auf das Wesentliche.

Phase 4: Performing Im Anschluss an die Phase der Entwicklung von Normen kann sich die Projektgruppe endlich auf das Wesentliche konzentrieren und motiviert ihren Aufgaben nachkommen. Höchstleistungen werden in dieser Phase erzielt. Die Aufgabe des Projektleiters besteht in dieser Phase in einer maximalen Unterstützung der einzelnen Gruppenmitglieder und der Zusammenfassung und Koordination der Einzelergebnisse zu einem aussagekräftigen Gesamtergebnis, das schließlich vor den jeweiligen Auftraggebern präsentiert werden muss.

2.1.2 Mitarbeiterführung

Autoritative Führung in der Startphase

Projektleitung braucht in der Startphase autoritative Führung (vgl. Goleman, 2000). Der Projektleiter muss die einzelnen Projektgruppenmitglieder von der Wichtigkeit der Aufgabe überzeugen und eine Vision eröffnen. Dies erfordert im Vorfeld eine intensive Auseinandersetzung mit dem Projektziel und den einzelnen Aufgaben. Nur wer sich als Projektleiter mit dem Projekt gut auskennt, kann für eine klare Vision begeistern. Dies erfordert darüber hinaus ein erfolgreiches Selbstmanagement. Nur ein motivierter Projektleiter kann auch seine Projektgruppenmitglieder motivieren.

Abb. 9: Visionäre Führerschaft in der Startphase

Quick-Tipp!
Motivieren Sie sich, indem Sie sich die Wichtigkeit der Projektaufgabe vor Augen führen. Seien Sie sicher, dass Sie mit Höchstleistungen auch diese Herausforderung bewältigen können.

Flexible Führung während der Projektarbeit

Erfolgreiche Projektleiter führen während der Projektarbeit die einzelnen Projektgruppenmitglieder flexibel (vgl. Goleman, 2000). Situationsgerecht wird der jeweils am besten geeignete Führungsstil angewendet. Der Projektleiter coacht, wenn ein Projektgruppenmitglied Unterstützung und Zuspruch benötigt. Für Harmonie sorgt er im Rahmen der Konfliktbewältigung, demokratisch trifft er Entscheidungen und autoritär ist er, wenn in einer Krise ein Umbruch notwendig erscheint.

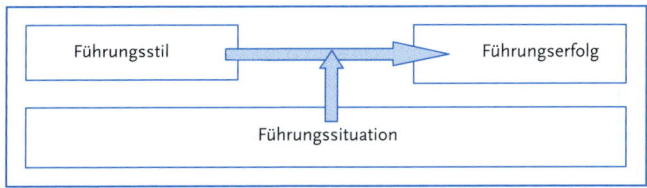

Abb. 10: Situationsgerechte Führung während der Projektarbeit

Der Projektleiter führt dann besonders erfolgreich, wenn er den in einer Situation jeweils am besten geeigneten Führungsstil bei einem Mitarbeiter einsetzt (vgl. Steinmann & Schreyögg, 2000). Der erfolgreichste Führungsstil ist in diesem Fall derjenige, der den Mitarbeiter auf dem Weg zu dem besten Ergebnis seiner Arbeit unterstützt (siehe nachfolgende Checkliste).

Quick-Tipp!
Die Anwendung einzelner Führungsstile muss situationsgerecht und authentisch erfolgen. Trainieren Sie den flexiblen Einsatz unterschiedlicher Führungsstile.

Leistungsbetonte Führung in der Endphase

Zum Ende der Projektarbeit häufen sich die Aufgaben, die noch schnell zu bewältigen sind. Der Termin der Ergebnispräsentation naht und die Lust der Teilnehmer lässt langsam nach. In dieser Phase braucht das Projektteam einen leistungsbetont führenden Projektleiter (vgl. Goleman, 2000). Er muss von einem hochmotivierten Team für einen überschaubaren Zeitraum noch einmal Höchstleistungen verlangen.

Quick-Tipp!
Loben Sie Ihr Projektteam für die bisherige erfolgreiche Zusammenarbeit und verlangen Sie für die letzte Phase noch einmal großes Engagement und Einsatzbereitschaft. Gehen Sie auf etwaige Schwächen und Schwierigkeiten ein, bieten Sie Hilfestellungen an und nennen Sie vor allem eine Zeitperspektive. Die Projektteilnehmer interessiert, wann das Projekt beendet ist.

Checkliste
Führungsstile des Projektleiters

- Der Projektleiter als Coach unterstützt und ermutigt die Projektgruppenmitglieder dazu, auch schwierige Aufgaben zu bewältigen; er bietet Hilfe an und steht als Ansprechpartner zur Verfügung.
- Der Projektleiter als leistungsbetonter Leiter kann Höchstleistungen einfordern; Projektgruppenmitglieder folgen ihm bei der Bewältigung von quantitativ und qualitativ anspruchsvollen Aufgaben, die unter Zeitdruck bearbeitet werden müssen.
- Der Projektleiter als autoritativer Leiter kann die Projektgruppenmitglieder für eine Vision begeistern; er schafft es, ein gemeinsames Ziel zu formulieren, dem alle Projektgruppenmitglieder folgen; alleine das Ziel kann in diesem Fall die Projektgruppenmitglieder motivieren.

- Der Projektleiter als affiliativer Leiter wird in Krisensituationen als Schlichter anerkannt; Konflikte kann er lösen und Harmonie wieder herstellen, die die Grundlage für eine erfolgreiche Zusammenarbeit darstellt.
- Der Projektleiter als demokratischer Leiter wird akzeptiert, da er die Meinung der anderen Projektgruppenmitglieder würdigt; gemeinsame Entscheidungen werden schließlich von allen Projektgruppenmitgliedern getragen und akzeptiert.
- Der Projektleiter als autoritärer Leiter zeigt, dass er sich auch durchsetzen kann; in Situationen, in denen es nicht mehr weitergeht, behält er den Überblick und trifft eine Entscheidung, die anschließend zu verfolgen ist.

2.1.3 Projektplanung

Jedes Projekt sollte, soweit dies möglich erscheint, langfristig geplant werden. Es geht um Aufgaben, Anzahl der beteiligten Personen, Termine, materielle Ressourcen sowie Kosten und natürlich die Frage nach dem Projektleiter. Der Erfolg eines Projekts hängt maßgeblich von diesen Entscheidungen ab, die wohl überlegt erfolgen sollten. Kommt es kurzfristig zu einer Krise und muss eine task-force einberufen werden, so entfällt natürlich diese langfristige Planung. Hier kommt es auf die Erfahrung des Unternehmens und die Flexibilität der Mitarbeiter an, schnell eine schlagkräftige Projektgruppe ins Leben zu rufen, die akzeptable Ergebnisse in kurzer Zeit liefert.

Projektplanung bedeutet aber auch Planung in einem bestehenden Projekt, die zum Hauptaufgabenbereich des Projektleiters gehört. Laufende Erfordernisse während der Projektdurchführung müssen geplant und überwacht werden. Während des Projekts können immer wieder Veränderungen auftreten, so dass die Planung einer kontinuierlichen Kontrolle und etwaigen Anpassung unterzogen werden muss.

> **Quick-Tipp!**
> Bei jeder Planung sollte einer groben Gliederung eine Fein-strukturierung folgen. Legen Sie ausreichend fixe Kontrollter-mine fest um etwaig notwendige Veränderungen rechtzeitig vornehmen zu können.

Ein so genannter Projektplan umfasst mehrere Bestandteile, die allesamt für einen geordneten und effizienten Projektablauf sorgen sollen.

Checkliste
Inhalte eines Projektplans:
- Organisations-, Struktur- und Durchführungsplanung (Wer macht was, wann, wie, wie lange etc.?)
- Aufwandschätzung (Wer braucht wie viel Zeit und welche Ressour-cen?)
- Kostenplanung (Was kostet uns was?)
- Terminplanung (Was haben wir bis wann fertig?)
- Einsatzmittelplanung (Wo wird welches Hilfsmittel sinnvoll einge-setzt?)
- Risikomanagement (Welches Risiko gehen wir mit welchen Aufga-ben ein? Welches Risiko geht das Unternehmen bei der Umsetzung des Projektergebnisses ein?)

2.1.4 Projektsteuerung

Bei der Projektsteuerung handelt es sich um die kognitiv anspruchsvollste Aufgabe der Projektarbeit. Der Projektleiter erstellt den Projektablaufplan und muss dabei immer den Überblick wahren.

> **Quick-Tipp!**
> - Ermitteln Sie während der Durchführung laufend IST-Daten, die Sie mit Ihren SOLL-Daten aus der Planungsphase vergleichen können.
> - Ihre Führungsqualitäten sind hier besonders gefragt.

Sie müssen als Projektleiter rechtzeitig steuernd eingreifen, wenn Sie feststellen, dass sich die Projektgruppenmitglieder bei der Bewältigung Ihrer Aufgaben von einem geplanten Ergebnis entfernen. Halten Sie fortlaufend Kontakt zu den Projektgruppenmitgliedern und nehmen Sie »sanften« Einfluss auf eine etwaig notwendige neue Ausrichtung der Aufgaben eines Projektmitarbeiters. Erklären Sie, warum die Steuerung in eine andere Richtung notwendig ist und würdigen Sie die bisherige Arbeit. Vielleicht lässt sich das Ergebnis des Mitarbeiters in einem anderen Bereich weiterverwenden.

2.1.5 Projektkontrolle

Die Projektkontrolle meint nicht nur eine Kontrolle zum Ende des Projekts, sondern ist vielmehr als eine kontinuierliche konstruktive Begleitung der Projektgruppenmitglieder zu verstehen auf der Grundlage von Zielvereinbarungen. Hier ist eine enge

Verbindung zu der zuvor skizzierten Projektsteuerung zu erkennen (vgl. Kap. 2.1.4).

Zielvereinbarungen

Im Rahmen der Kontrolle wird ein Abgleich mit den definierten Projektzwischenzielen vorgenommen. Mit den einzelnen Projektgruppenmitgliedern werden jeweils Ziele vereinbart und dokumentiert. Hierüber erfährt der Projektgruppenleiter regelmäßig den Stand der Dinge und kann unter Zusammenfassung der einzelnen Zielerreichungsgrade ableiten, ob das Gesamtziel zum vorbestimmten Zeitpunkt erreicht wird.

Quick-Tipp!
Zielvereinbarungen sind Zielvereinbarungen, da sie zwischen Projektleiter und Projektgruppenmitarbeiter vereinbart werden. D.h., dass auf der einen Seite das Projektziel beachtet werden muss und auf der anderen Seite jedoch auch das Arbeitstempo und die gewünschte Art der Bearbeitung durch den Mitarbeiter.

Konstruktive Kontrolle

Die Kontrolle muss unbedingt eine konstruktive Kontrolle sein, die dem Mitarbeiter Optionen eröffnet, wie er seine Ziele erreichen kann.

Checkliste
Konstruktive Kontrolle

- Fragen Sie nicht, warum ein Ziel nicht erreicht wurde, sondern, welche Hilfen benötigt werden, damit es zeitnah erreicht wird!
- Kontrollieren Sie nicht mit Überraschungseffekt, sondern kündigen Sie Ihr Gespräch an.

- Machen Sie die Kontrolle nicht zu einem »roten Tuch«, sondern stellen Sie Ihr Interesse in den Vordergrund.

2.1.6 Ergebnispräsentation

Projektmitglieder und Vorgesetzte über die Ergebnisse zu informieren und zu »unterrichten«, gehört auch zu den Aufgaben des Projektleiters. Das ist manchmal gar nicht so einfach. Der Projektleiter ist mitten im Geschehen, während dem Zuhörer die Zusammenhänge und die Projektstruktur nur bedingt klar sind. Der Projektleiter bedarf eine gute Vorbereitung und Methodengeschick, um Irrtümer, Konfusion und Langeweile zu verhindern. Ausführliche Informationen zu den Möglichkeiten der Ergebnispräsentation finden Sie in Kapitel 3.3.2 praxisnah dargestellt.

2.2 Fachliche Kompetenz des Projektleiters

Definition
Fachkompetenz meint den Besitz von Kenntnissen, die mit einem besonderen Fachgebiet zu tun haben und die professionell eingesetzt werden können.

Es steht außer Frage, dass der Projektleiter über fachliche Kompetenzen verfügen muss. Welche dies im Einzelnen sind, hängt jedoch von der im Projekt konkret zu lösenden Aufgabe sowie den Kompetenzen der anderen Projektgruppenmitglieder ab. Selten erfüllt ein Projektleiter nur die Aufgabe des Leiters und

Moderators. In den meisten Fällen hat er klar abgestimmte eigene Aufgaben während der Projektarbeit. Die Projektleitung übernimmt er zusätzlich.

Reminder!
Die benötigte fachliche Kompetenz des Projektleiters wird weitestgehend durch das Projekt und die Kompetenzen der anderen Projektgruppenmitglieder bestimmt.

Es lassen sich jedoch einige allgemeine fachliche Kompetenzen ableiten.

Checkliste
Allgemeine fachliche Kompetenzen des Projektleiters
- Qualifikation im Themenbereich der Projektgruppe
- Leitungskompetenz
- Organisationskompetenz
- Etc.

Quick-Tipp!
So verbessern Sie Ihre fachliche Kompetenz in drei Schritten:
1. Schritt: Wählen Sie die für Ihren Bereich wichtigen fachlichen Themen aus.
2. Schritt: Bearbeiten Sie geeignete Literatur und suchen Sie Gespräche mit Experten, um Ihre Fachkompetenz zu erweitern.
3. Schritt: Setzen Sie die erlernten Kenntnisse gezielt in der Praxis um.

2.3 Sozialkompetenz des Projektleiters

> **Definition**
> Sozialkompetenz meint die Bedürfnisse anderer Menschen zu erkennen und darauf reagieren zu können. Des Weiteren meint Sozialkompetenz, Eigenschaften zu besitzen, die einen angemessenen Umgang mit anderen Menschen ermöglichen.

Der Projektleiter muss des Weiteren über eine ausgeprägte Sozialkompetenz verfügen. Diese ist weitaus schwieriger zu erlangen als die fachliche Kompetenz. Dementsprechend wird im Rahmen der Auswahl eines Projektleiters in vielen Fällen besonderer Wert auf die Sozialkompetenz gelegt.

Checkliste
Sozialkompetenz des Projektleiters

- Kommunikative Fähigkeiten
- Empathie
- Durchsetzungsvermögen
- Analytisches Denkvermögen
- Stressresistenz
- Etc.

Die Auflistung in der Checkliste skizziert die wichtigsten persönlichen Eigenschaften des Projektleiters.

> **Quick-Tipp!**
> So verbessern Sie Ihre Sozialkompetenz in drei Schritten:
> 1. Schritt: Erstellen Sie eine Liste mit Ihren persönlichen Stärken und Schwächen.

2.4 Methodenkompetenz des Projektleiters

Definition
Methodenkompetenz meint die Fähigkeit, analytisch vorgehen zu können und unterschiedliche Methoden/Instrumente zur Problemlösung, Präsentation etc. professionell einsetzen zu können.

Neben ausgeprägter fachlicher und sozialer Kompetenz muss der Projektleiter auch über Methodenkompetenz verfügen. Methodenkompetenz meint in diesem Zusammenhang die Fähigkeit, unterschiedliche Instrumente einsetzen zu können, die die Bewältigung der Projektaufgabe ermöglichen.

Checkliste
Methodenkompetenz des Projektleiters
- Zeitmanagement
- Konfliktmanagement
- Projektmanagement inkl. Netzplantechnik
- Präsentationstechniken
- Etc.

Quick-Tipp!

So verbessern Sie Ihre Methodenkompetenz in drei Schritten:

1. Schritt: Prüfen Sie, welche Aufgaben Sie im Rahmen des Projekts zu erledigen haben und welche Methoden Sie für deren Bewältigung benötigen.

2. Schritt: Eignen Sie sich relevante Methoden über ein Literaturstudium oder ein Seminar an.

3. Schritt: Setzen Sie die erlernten Methoden in der Praxis um.

Things to do:

Projektarbeit erfordert eine gute Vorbereitung. Diese beginnt mit der Auswahl und Qualifizierung des Projektleiters.

- Der Projektmanager empfiehlt: »*Setzen Sie bei der Auswahl des Projektleiters ein strukturiertes Interview und einen Test ein.*«
- Der Projektmanager empfiehlt: »*Fördern Sie die Fach-, Sozial- und Methodenkompetenz des Projektleiters.*«
- Der Projektmanager empfiehlt: »*Widmen Sie der Vorbereitung der Teambildung im Projekt ausreichend Zeit.*«
- Der Projektmanager empfiehlt: »*Seien Sie gewappnet für die ›Phase des Sturmes‹ in Ihrem Projekt.*«

Quick-Check

- Was versteht man unter Fachkompetenz?
- Was versteht man unter Sozialkompetenz?
- Was versteht man unter Methodenkompetenz?
- Mit welchem Methoden-Mix ist die beste Vorhersagegenauigkeit in einem Bewerbungsgespräch zu erreichen?
- Welche Aufgaben hat ein Projektleiter zu erfüllen?
- Beschreiben Sie die vier Phasen der Teambildung.
- Beschreiben Sie eine Form der Konfliktlösung in drei Schritten.

Kapitel 3:
Projektmanagement leicht gemacht

Projektmanagement muss gut organisiert sein, damit Erfolge verzeichnet werden können. Dafür sind Instrumente und Maßnahmen notwendig, die dieses vereinfachen.

In Abb. 11 sehen Sie einen Gesamtüberblick des Projektmanagements, der Ihnen bei Ihrem Projekt als Hilfestellung dienen soll. Nach und nach können die Aufgabenpunkte nach der Erledigung mit einem Häkchen markiert werden.

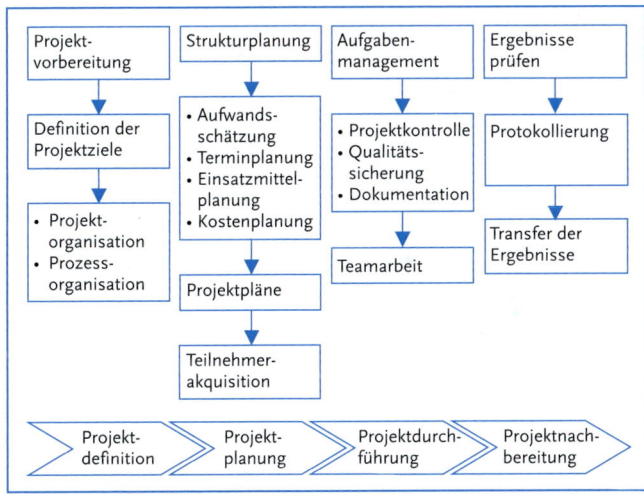

Abb. 11: Überblick und Aufgaben des Projektmanagements

Lernziele Kapitel 3

In diesem Kapitel lernen Sie, wie die drei wichtigsten Phasen des Projektmanagements, Planung, Durchführung und Nachbereitung einfach zu meistern sind. Wir möchten Ihnen hier eine Tool-box vorstellen, anhand derer Sie Ihr Projekt spielerisch erarbeiten und überprüfen können. Am Ende von jedem Unterkapitel finden Sie einen Fragenkatalog, der alle wichtigen Fragen, die Sie sich stellen sollten, beinhaltet.

Input-Check – Wesentliche Inhalte

Die Planung und Dokumentation ist für viele Projektleiter eine mühselige Arbeit. Auch wenn es zu Anfang nicht so aussieht, so sind Pläne und Ergebniskontrollen sehr motivierend. Das Projektteam ist effizienter, wenn schon kleine Ziele erreicht werden. Die Aufgabe des Projektleiters ist es, die Ergebnisse immer transparent für die Gruppe zu gestalten. So wird die Aussicht auf ein erfolgreiches Ergebnis immer deutlicher.

3.1 Phase 1: Vorbereitung – Wer plant, der gewinnt!

»Die Kunst der Planung besteht darin, den Schwierigkeiten der Ausführung zuvorzukommen«, schrieb schon der französische Schriftsteller Marquis de Vauvenargues.

Ohne Planung und die dazu notwendigen Instrumente funktioniert Projektmanagement nicht.

Ist der Projektantrag akzeptiert und der Projektauftrag bestimmt, beginnt das Projekt. Die Festlegung der Ergebnisziele ist der Startpunkt eines jeden Projekts. Dabei ist auf folgende Punkte zu achten:

Abb. 12: Werkzeuge des Projektmanagements

- Inhalte eindeutig, widerspruchsfrei und klar definieren
- Realistische Ziele erfassen (zeitliche Angaben)
- Zielerreichung sollte messbar und beschreibbar sein
- Die Verantwortlichkeit sollte festgelegt werden
- Ziele schriftlich fixieren

Bei Missachtung einer konkreten und messbaren Zielformulierung kann dies zu unterschiedlichen Interpretationen führen. Daher sollten zur Sicherheit die dokumentierten Ziele auch in der Projektdurchführung stets überprüft und falls erforderlich, den veränderten Bedingungen angepasst werden. Eine klare Zieldefinition erhöht die Motivation der Projektmitglieder und die Erfolgswahrscheinlichkeit wächst.

Prozess- und Projektorganisation

Bevor die Planung so richtig beginnen kann, sollten zur fachlichen, organisatorischen und betriebswirtschaftlichen Absicherung eine Problemfeldanalyse und eine Wirtschaftlichkeitsanalyse durchgeführt werden.

Phasenaufbau

Das Projekt bekommt eine erste Struktur, indem es in Phasen eingeteilt wird. Jede Projektphase hat spezielle Aufgaben und Probleme. Ordnen Sie diese Schwerpunkte den einzelnen Phasen zu (vgl. Abb. 11).

Meilensteine setzen

Der grobe Ablauf ist durch die Phaseneinteilung geschaffen. Meilensteine sind Zwischenergebnisse, die Ihnen helfen, das Projekt nach und nach kontrollieren zu können. Legen Sie wichtige Punkte im Projektablauf fest, wo Ergebnisse erreicht werden müssen. Der jeweils nachfolgende Meilenstein kann erst dann begonnen werden, wenn vorherige Anforderungen auch tatsächlich erledigt wurden. Handelt es sich bei den »offenen Punkten« um unkritische Erledigungen, können diese auch nach hinten verschoben werden. Wichtig ist es dann, diese Punkte festzuhalten/zu speichern, um sie später zu bearbeiten. Die essenziellen Meilensteine sind die, wo es einen Phasenübergang gibt. Die zukünftige Projektdurchführung hängt von ihnen entscheidend ab.

Die Meilensteine können in einem Balkendiagramm festgehalten werden. Aufgeteilt wird das Diagramm in Meilensteinnummer, geplanter Termin und tatsächlicher Termin (vgl. Abb. 13).

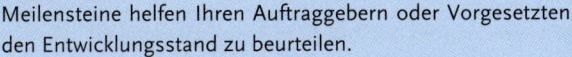

Meilensteinplan																
Nr.	25.08.	26.08.	27.08.	28.08.	29.08.	30.08.	31.08.	01.09.	02.09.	03.09.	04.09.	05.09.	06.09.	07.09.	08.09.	09.09.
1	▓	▓														
2						▓	▓									
3														▓	▓	

Abb. 13: Meilensteinplan

Quick-Tipp!
Meilensteine helfen Ihren Auftraggebern oder Vorgesetzten den Entwicklungsstand zu beurteilen.

3.1.1 Mittel erkämpfen

Die Projektziele sind klar. Was fehlt, sind die Ressourcen. Es ist die Aufgabe des Projektleiters, diese zu erkämpfen.

Potenzielle Ressourcen
- Material, Betriebsmittel
- Personal
- Zeit
- Budget

Im Vorfeld sollte der Projektleiter seine Ressourcenziele klar vor Augen haben. Am besten ist es, sich einen Überblick zu verschaffen:

Praxis-Check – Selbstreflexion

Brauche ich besondere Ressourcen, um das Projekt durchzuführen?

• Wenn ja, welche?

_____
_____
_____

Wie viel Personal werde ich für das Projekt benötigen?

_____
_____
_____

Wie viel Zeit wird das Projekt in Anspruch nehmen?

• Wer ist in dieser Zeit verfügbar?

_____
_____
_____

Wie hoch werden die Kosten sein?

• Wofür brauche ich das Geld?

_____
_____
_____

Machen Sie sich einen Ressourcenplan für jede Phase. Dort bewahren Sie den Überblick und können hiermit auch die Geschäftsleitung überzeugen. Fragen Sie sich außerdem, ob Ihre Forderungen von Ihren Gesprächspartnern annehmbar und ob die Ansprüche objektiv und human sind.

Quick-Tipp!

Ihre Ansprüche sollten immer S.M.A.R.T. sein, sonst sind sie nicht zu gebrauchen:

S = spezifisch, M = messbar, A = alle akzeptabel, R = realistisch, T = terminiert

Im Gespräch mit Ihren Vorgesetzten sollten Sie »resolut« sein. Es ist clever, direkt auf das Gesprächsthema einzugehen. Sicher gibt es vorher einen kurzen Smalltalk. Doch er sollte nicht ausarten, so dass Sie nicht mehr zu Ihrem eigentlichen Anliegen kommen. Nachdem Sie das Thema bekannt gegeben haben, kann das eigentliche Gespräch beginnen. Stellen Sie Ihre Forderungen dar und begründen Sie diese. Abschließend sollten Sie das Gremium fragen, wie diese zu der Sache stehen. Haben die Vorgesetzten Zweifel oder Verbesserungsvorschläge, hören Sie sich diese in Ruhe an. Es bringt nichts, wenn Sie auf Ihre Darstellung pochen und kein Einsehen zeigen. Kommt es also zu einer Diskussion über einige erwünschte Ressourcen, diskutieren Sie darüber. Verstehen Sie die Hinderungsgründe nicht, fragen Sie nach. Lassen Sie sich nicht überrumpeln. Schließlich haben Sie sich angemessen auf das Gespräch vorbereitet, auf diese Weise können Sie es auch von Ihrem Gegenüber erwarten. Sind Sie sich trotzdem sicher, dass Ihre Ressourcenforderungen besser und effektiver sind, können Sie Ihre Interessen zusätzlich visualisieren, beispielsweise durch eine Skizze auf einem Flipchart. Klären Sie, welche Hintergründe Sie dazu gebracht haben, diese oder jene Anforderung zu stellen. Sind die Sichtweisen und Bedürfnisse klar?

Erst im Anschluss daran beginnt eine Lösungssuche und letztendlich die Vereinbarung. Ist nämlich erstmal der Kernpunkt des Anliegens erfasst, stehen folglich nur noch einige Lösungen zur Auswahl. Versuchen Sie den Lösungsweg mit zu bestimmen. Fassen Sie Gesagtes nochmals zusammen und finden Sie gemeinsam Lösungen und eine konkrete Vereinbarung, die selbstverständlich protokolliert werden sollte.

Reminder!

Vor dem Gespräch:
- Ressourcenanalyse (Was brauche ich für das Projekt?)
- Ressourcen formulieren

Im Gespräch:
- (Resoluter) Gesprächseinstieg
- Klärung der Standpunkte
- Klärung der Hintergründe
- Lösungssuche und Vereinbarungen treffen

Checkliste – Kostenplanung
- Welche Gemeinkosten kommen auf Sie zu?
  - Beratungskosten?
  - Schutzgebühren?
  - Versicherungskosten?
- Welche Personalkosten entstehen?
  - Personalleiter/Teamkosten?
  - Direkte Arbeitskosten?
  - Arbeitsaufwand der Subunternehmen?
  - Zeitlich begrenzte Arbeit?
- Materialkosten?
  - Elektrizität, Heizung, Klimaanlage?
  - Spezielle Materialien (z. B. Computerzubehör, Büroartikel)
- Ausrüstungskosten?
  - Erwerbskosten?
  - Mietkosten?
  - Leasingkosten?
- Haben Sie eine Sicherheitsrücklage?

Voraussetzung für die Projektkostenplanung ist eine Personal-, Material- und Terminplanung!

3.1.2 Plan erstellen

Projektstrukturplan

Die erste Aufgabe in der Projektplanung ist es einen Strukturplan zu erstellen. Er umfasst die Bestandteile:

- Hauptaufgabe,
- Teilaufgabe und
- Arbeitspaket.

Der skizzierte Strukturplan zerlegt das Projekt in hierarchische
Haupt-, Teil- und Arbeitspakete. Es wird erkennbar, ob Teilpro-
jektbildungen notwendig sind (vgl. Abb. 14, S. 74).

Praxis-Check – Jahresaudit (a)
In der Ambulante Hauskrankenpflege ProCura GbR ist es
wieder Zeit für das jährliche Audit. Weil sie die Strukturpla-
nung des letzten Audits nicht weggeworfen haben, sind die
Hauptaufgaben klar: Auswahl der Auditoren, Vorbereitung
des Audits mit Checklisten und Ideenspeicher, Schwerpunkte
(wer, wann, was, wo, wie), Einführungsgespräch, Auditdurchführung und Abschlussgespräch.

Projektstrukturpläne können unter verschiedenen Gesichts-
punkten erstellt werden. Die einzelnen Aufgaben sind nach
einem gewissen Typ definiert, wobei sich drei unterscheiden
lassen:

1. Typ: Objektorientierter Projektstrukturplan   Der objektorien-
tierte Projektstrukturplan ist nach der technischen Struktur der
Objekte (Produkt, System, Anlage etc.) aufgebaut.

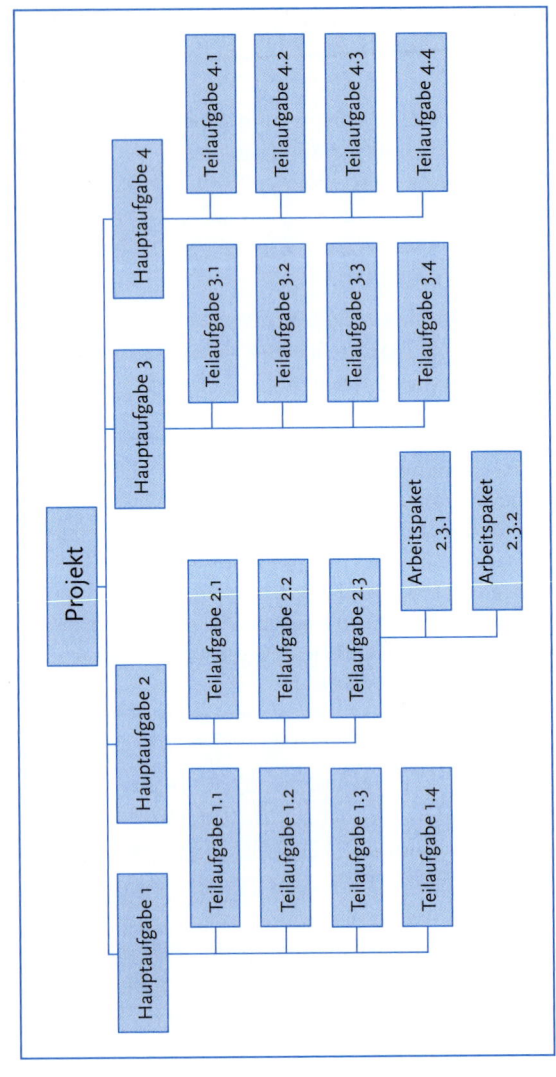

Abb. 14: Projektstrukturplan

2. Typ: Funktionsorientierter Projektstrukturplan Bei dem funktionsorientierten Projektstrukturplan gliedert sich der Plan nach den Tätigkeiten. Er orientiert sich nicht nach den Produkteinzelteilen.

3. Typ: Ablauforientierter Projektstrukturplan Der dritte Typ zeichnet sich dadurch aus, dass er nach einem bestimmten Ablauf gegliedert wird. Der Prozess wird zeitlich dargestellt.

Listentechnik
Die erfassten Vorgänge werden in einer Vorgangsliste zusammengefasst. Bei der Erstellung wird die Liste in vier Spalten aufgeteilt:

- Vorgang
- Vorgangsdauer (Zeiteinheit)
- Anfangstermin
- Endtermin

Danach werden die Daten eingetragen. Der dritte und letzte Schritt ist es, die Termine zu errechnen:

$$\text{Anfangstermin} + \text{Vorgangsdauer} = \text{Endtermin}$$

Praxis-Check – Jahresaudit (b)
Die Qualitätsmanagementbeauftragte der Ambulante Hauskrankenpflege ProCura GbR erstellt einen Listenplan für die Auditdurchführung. (vgl. Abb. 15) Der Auditleiter kontrolliert, ob die Aufgaben auch erledigt werden.

Audit-Plan					
Auditleiter	Herr Müller				
QM-Beauftragte	Frau Lang				
Projektvorgang	Name		Datum	Anfang	Ende
1. Managementsystem					
1.1 Verantwortung der Leitung	Hr. Müller	1 h	01. 05. 05	10:00	11:00
1.2 Organisation	Hr. Meier	1 h	01. 05. 05	11:00	12:00
1.3 Dokumentation	Fr. Lang	1 h	02. 05. 05	11:00	12:00
1.4 Planung	Fr. Lang	1 h	02. 05. 05	13:00	14:00
1.5 Bewertung	Hr. Müller	1 h	02. 05. 05	15:00	16:00
2. Ressourcen Management					
2.1 Personal	Fr. Lang	1 h	16. 05. 05	10:00	11:00
2.2 Infrastruktur	Hr. Meier	1 h	16. 05. 05	11:00	12:00
2.3 Controlling	Hr. Meier	1 h	17. 05. 05	10:00	11:00
3. Prozessmanagement					
... usw.					
Ambulante Hauskrankenpflege ProCura GbR				01. 05. 2005	

Abb. 15: Auditplan

Bei größeren Projekten eignet sich diese Listentechnik weniger, sie dient dabei eher zur Erstellung eines Netzplans. Hauptsächlich wird sie bei wenigen Arbeitsschritten eingesetzt.

Balken- oder Gantt-Diagramm/Plannet-Diagramm
Die Balkendiagrammtechnik ist eine sehr alte, aber doch bewährte Art der Darstellung von Projektplänen. Sie wurde schon in den 1920er Jahren von dem Ingenieur Henry J. Gantt entwickelt. Ein Gantt-Diagramm dient als Mittel der zeitorientierten Ablauforganisation und ist gekennzeichnet durch

- eine horizontale Zeitachse,
- eine vertikale Auflistung der Projektaufgaben,
- einen horizontalen Balken bzw. eine Linie für jede einzelne Aufgabe, die gleichzeitig den Zeitraum der Bearbeitung darstellt.

Qualitätsmanagement						
Zeit / Aufgaben	31. KW	32. KW	33. KW	34. KW	35. KW	36. KW
A	▓					
B		▓				
C		▓	▓			
D				▓		
E					▓	▓
F						▓
G				▓	▓	
H				▓		

Abb. 16: Darstellung eines Balkendiagramms

Das Diagramm zeichnet sich durch die visuelle Übersichtlichkeit und Verständlichkeit aus. Auf einen Blick sind der Anfangszeitpunkt und der Endzeitpunkt einer Projektphase und des gesamten Projekts zu erkennen (vgl. Baguley, 1999; Olfert & Steinbuch, 2002). Des Weiteren können Leer- und Nutzungszeiten der Aufgaben abgelesen werden sowie mögliche Überlastungen von Aufgabenphasen (vgl. auch Abb. 20 in Kap. 4.5). Nachteilig ist, dass die Abhängigkeiten der Teilaufgaben nicht erkennbar sind. Dieser Nachteil im Balken-Diagramm wird bei der so genannten Plannet-Technik (PLANning NETwork) insofern ausgeglichen, als dass durch vertikale Verbindungslinien die Abhängigkeiten von einzelnen Projektarbeitsstufen visualisiert werden können. Eine Verbindung bedeutet hierbei, dass die beiden Stufen voneinander abhängig sind. Eine Stufe muss damit vollständig bis zu einem bestimmten Termin abgearbeitet werden damit die nächste Bearbeitungsstufe beginnen kann.

Praxis-Check – Jahresaudit (c)
Für den Gesamtüberblick erstellt die QM-Beauftragte noch ein Balkendiagramm. Der Auditleiter ist begeistert und verteilt eine Kopie an das gesamte Projektteam.

Quick-Tipp!
Das Balkendiagramm ist sehr schnell in computergestützter Form oder auf einer Magnet-/Stecktafel zu erstellen. Hier können Sie schnell Veränderungen und Ergänzungen bearbeiten.

Netzplantechnik

Die Netzplantechnik ist ein Instrument zur Planung und Steuerung von Abläufen (nach DIN 69900). Schon 1957 wurden verschiedene Verfahren der Netzplantechnik aus den USA und Frankreich vorgestellt. Aus Gründen der Übersichtlichkeit stellen wir hier nur die Metra-Potenzial-Methode (MPM) vor, die auch am Häufigsten in Unternehmen angewandt wird (vgl. Birker, 2003; Olfert & Steinbuch, 2002).

Es bedarf viel Zeit einen Netzplan zu erstellen, doch bei hoher Ungewissheit und Komplexität ist dieser sehr hilfreich. Die einzelnen Aktivitäten werden grafisch und mathematisch dargestellt. Voraussetzung zur Erstellung des Netzplans ist eine Vorgangsliste in der die einzelnen Projektaufgaben aufgelistet sind. Die Projektaufgaben erhalten Nummerierungen und/oder Kurzbezeichnungen.

a) **Das Netzplanschema**

- Jeder Vorgang wird als Knoten, d.h. in einem Rechteck dargestellt.

> 1. Vorgang

- Die Anordnung der Knoten erfolgt nach den Angaben der Vorgangsliste in zeitlicher Reihenfolge von links nach rechts.

- Ein Richtungspfeil verbindet die unmittelbaren Vorgänger und Nachfolger.

- Hat ein Vorgang mehrere unmittelbare Nachfolger, verzweigt sich der Pfeilpfad nach dem Vorgänger.

- Hat ein Nachfolger dagegen mehrere Vorgänger, fügen sich die Richtungspfeile wieder zusammen.

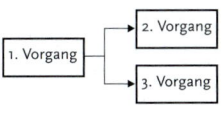

- Richtungspfeile dürfen niemals rückwärts gezeichnet werden.

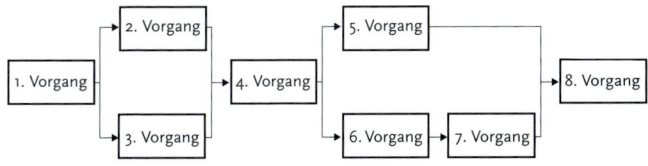

b) Zeitbezug

FAZ		FEZ
Vorgangs-nummer	Kurzbezeichnung	
Vorgangs-dauer	Gesamt-puffer(GP)	Freier Puffer (FP)
SAZ		SEZ

Abb. 17: Knoten – Verbindungspunkt in einem Netzplan

Der in Abbildung 16 dargestellte Knoten ist das Grundschema, welches die zeitlichen Aspekte der Vorgänge aufweist. Er ist wie folgt aufgebaut:

1. Oben links steht die Vorgangsnummer.
2. Oben rechts wird die Abkürzung des Vorgangs eingetragen.
3. Unten links ist die Vorgangsdauer vermerkt.
4. Links über dem Knoten wird der früheste Anfangszeitpunkt (FAZ), rechts über dem Knoten der früheste Endzeitpunkt (FEZ) festgehalten.
   - Beim ersten Knoten ist der FAZ 0. Der FEZ ist aus dem FAZ + Vorgangsdauer zu ermitteln.
   - Der FAZ des folgenden Knoten ergibt sich aus dem FEZ des Vorgängers.
   - Sind die FEZ der Vorgänger unterschiedlich, so wird der größere FEZ-Wert als FAZ für den Nachfolger gewählt.
5. Der späteste Endzeitpunkt (SEZ) wird rechts unten und der späteste Anfangszeitpunkt (SAZ) links unten abgetragen. Sie werden durch die Rückwärtsrechnung bestimmt. Das bedeutet, dass beim letzten Vorgang begonnen wird.
   - Wird vom SEZ die Vorgangsdauer subtrahiert, bildet sich der SAZ.
   - Der SAZ ist zugleich der SEZ seines vorhergehenden Knotens.
   - Das gilt auch, wenn der Vorgang mehrere Vorgänger hat.
   - Gibt es bei einem Vorgang mehrere Nachfolger, wird der kleinste SAZ-Wert als SEZ eingesetzt.
6. War die Rückwärtsrechnung erfolgreich, resultiert daraus der SAZ des ersten Knotens als 0.
7. Im mittleren Feld steht der Wert des Gesamtpuffers (GP). Er ergibt sich aus der Differenz zwischen SAZ und FAZ, der der Differenz zwischen SEZ und FEZ entsprechen muss.
8. Unten links wird der Wert des freien Puffers (FP) abgetragen.

Er wird berechnet, indem der FEZ des aktuellen Vorgangs vom FAZ des Nachfolgers subtrahiert wird.

> **Reminder!**
> Gehen Sie von der groben Ablaufplanung zur Feinablauf-
> planung vor:
> 1. Projektstrukturplan
> 2. Phasenplan
> 3. Netzplan

3.1.3 Teilnehmer akquirieren

Das Team bilden

Teambildung bedeutet, nicht willkürlich Personen zu einem Projektteam zusammen zu würfeln (vgl. Kap. 2.1.1). Sie sollten dabei strategisch vorgehen. Fassen Sie zuerst zusammen, welche Qualifikationen Sie für Ihr Team benötigen. Denn wenn Sie den Qualifikationsbedarf der Teammitglieder eindeutig bestimmt haben, können Sie auch Ihre Vorgesetzten von Ihrer Mitarbei-terauswahl überzeugen. Stehen diese und auch der Auftrageber hinter Ihnen, haben Sie viel mehr Handlungsspielraum und Entscheidungskompetenz bei der Auswahl (vgl. Kellner, 2003a und 2003b; Maelicke, 2003).

> **Quick-Tipp!**
> Wählen Sie nicht zwangsläufig die Allerbesten für Ihr Team
> aus, da dies keine Garantie für den Erfolg der Teamarbeit
> ist. Im Gegenteil, oft erweisen sich diese Arbeitsgruppen als
> besonders kritisch. Sie erzeugen zahlreiche Diskussionen,
> aber wenige Ergebnisse.

Beweisen Sie Führungskompetenz bei der Mitarbeiterauswahl für Ihr Projekt. Wenn Sie über die einzelnen Mitarbeiter verhandeln, sagen Sie direkt, wen Sie auf jeden Fall in Ihrem Team brauchen. Überdies fordert Ihre Position als Projektleiter ein hohes Maß an sozialer Kompetenz. So müssen Sie auch so loyal sein, Mitarbeiter anzunehmen, die Sie mit alleiniger Verantwortung nicht unbedingt mit ins Team aufgenommen hätten. Das soll nicht bedeuten, dass Sie bei jedem anderen Vorschlag Ihrer Vorgesetzten nachgeben sollen. Schließlich haben Sie die letztendliche Entscheidungsmacht. Ohne Ihre klare Zustimmung kann nicht irgendjemand ins Team gepackt werden. Es ist wichtig, diese beiden Kompetenzen unter einen Hut zu bekommen, damit Sie eine gute und erfolgreiche Arbeitsgruppe zusammenstellen können.

Kommt es nach der Auswahl dennoch zu dem Fall, dass Sie mit einem Mitarbeiter überhaupt nicht zusammen arbeiten können, es eventuell doch zu viele Mitglieder sind oder der Mitarbeiter überfordert ist, dürfen Sie ihn auch wieder vom Projekt entlassen.

Wem Sie welche Aufgabe und wie viel Zeit zuweisen, gehört auch zu Ihrem Aufgabenbereich als Projektleiter. Sie sollten dem Mitarbeiter allerdings auch Mitbestimmungsrecht übertragen. Ist der Mitarbeiter berechtigt, dass er seine Arbeit mitbestimmen kann, steigert sich auch seine Motivation. Geben Sie den Stärksten nicht nur die interessantesten Aufgaben, denn dann fühlen sich die anderen Teammitglieder übergangen. Trauen Sie auch mal einem Neuling etwas zu. Mobilisieren Sie ihre Mitarbeiter. Sie werden sehen, wie engagiert und zielstrebig Ihr Team arbeiten kann.

Ansonsten können Sie Ihr Team auch durch Feed-back und Prämien motivieren. Die Mitarbeiter brauchen eine Beurteilung für ihre Arbeit. Natürlich sollten dabei nicht nur positive Ergebnisse ausgezeichnet werden. Ihre Aufgabe ist es auch, ungünstiges Verhalten anzusprechen. Sind Sie immer nur freundlich, wird eine negative Bewertung von Ihnen nicht für voll genommen. Sie müssen auf der einen Seite Sympathien sammeln, auf der anderen Seite sich aber auch Respekt bei Ihren Mitarbeitern erarbeiten.

> **Quick-Tipp!**
> Ein erfolgreicher Projektleiter profiliert durch Führungskompetenzen. Zeigen Sie Ihr Können durch professionelle Mitarbeiterauswahl und erfolgreiche Teamführung.

Für die Auswahl der Teammitglieder sollte der Projektleiter ...
- den Qualifikationsbedarf für sein Team festlegen,
- Führungskompetenz bei der Auswahl und Delegation der Teammitglieder zeigen,
- soziale Kompetenz gegenüber allen Teammitgliedern aufweisen,
- die Teammitglieder motivieren,
- Respekt und Sympathie gewinnen.

Fachkompetenz, Persönlichkeit und Teamfähigkeit
Die Projektmitglieder müssen verschiedene fachliche und persönliche Anforderungen erfüllen, um im Team erfolgreich zu arbeiten und die Ziele zu erreichen. Es ist von Vorteil, wenn die Teammitglieder Ihre Erwartungen kennen. So können die Mitarbeiter selber auch einschätzen, ob sie für das Team geeignet sind.

Im ganzen Projekt sind viele Experten gefragt. Doch überlegen Sie sich genau, welche die wichtigsten sind, die Sie von Anfang bis Ende benötigen. Es können in einigen Phasen weitere Fachleute mit einbezogen werden. Das Kernteam von ca. maximal sieben Mitarbeitern sollte durchgehend konstant bleiben.

 Checkliste für die Auswahl des Projektmitarbeiters
- Welche fachlichen Kompetenzen besitzt der Mitarbeiter?
- Welche methodischen Kompetenzen besitzt der Mitarbeiter?
- Durch welche Zusatzqualifikationen zeichnet er sich aus?
- Sind folgende Persönlichkeitseigenschaften vorhanden?
    - Analytisches Denken
    - Durchhaltevermögen
    - Selbstständigkeit
    - Verantwortungsbewusstsein
    - Wissbegierde
- Besitzt der Projektmitarbeiter Teamgeist?
    - Diskussionsfähigkeit
    - Kompromissfähigkeit
    - Kooperationsfähigkeit
    - Verantwortungsgefühl

Psychologisch gesehen ziehen sich vorwiegend homogene Menschen an, die gleiche Interessen haben. Wir verstehen sie besser und halten andere für »abstrus«. Für die Teambildung sollte diese Regel nicht angewendet werden. Sicher ist ein heterogenes Team lebhafter und konfliktreicher. Trotz allem hat die Erfahrung gezeigt, dass diese Ungleichheit mehr Erfolg erzielt.

Kick-Off-Meeting

Das erste Meeting ist sehr entscheidend für den weiteren Verlauf. Auf der einen Seite darf der Projektleiter nicht als »Oberlehrer« dastehen und auf der anderen Seite sollte er nicht seine Führungskompetenzen untergraben. Der Mitarbeiter macht sich ein Bild von dem Projektleiter, ob er vorbereitet ist, ob er ein Kooperationstyp oder eher ein Eigenbrödler ist. Zeigt sich das Kick-Off-Meeting als erfolgreich, bleibt es für die Teammitglieder ein positiver Motivator.

Nach der Begrüßung und Präsentation der Tagesziele, die auf einem Flipchart oder Poster über das ganze Meeting präsent sein sollten, stellt sich der Projektleiter vor. Danach sollte er dem Team auch Zeit einräumen, sich kennen zu lernen. Am Einfachsten stellt sich jeder vor und erzählt von seinen bisherigen Erfahrungen in der Projektarbeit und seinen zukünftigen Erwartungen.

Der Schwerpunkt des Meetings sollte auf der Vorstellung des Projekts und der gemeinsamen Planung liegen. Durch die Präsentationstechniken und -methoden zeigt der Projektleiter seine Führungsrolle. Inhalte der Präsentation sollten vor allem die Projektziele sein, aber auch die Hintergründe und Rahmenbedingungen sind für das Team interessant.

Themen der Präsentation

- Wie kam es zu dem Projektauftrag? Was waren die auslösenden Fakten?
- Welcher Nutzen wird mit dem Projekt verfolgt?
- Wie groß ist der Aufgabenumfang?
- Welche Ziele müssen in jedem Fall erreicht werden?
- Wie viel Zeit ist für das gesamte Projekt eingeplant?
- Welchen Stellenwert haben die Meetings?

Nach der Präsentation wird das gemeinsame Vorgehen geplant. Es ist gut, hierbei das gesamte Team einzubeziehen. Lassen Sie die Mitglieder in Gruppen oder einzeln einen groben Vorgehensplan entwickeln, der später im Plenum vorgestellt wird. Dabei kommt jeder zu Wort und keiner wird übergangen.

Nach der Ergebnisvorstellung darf das Meeting auf keinen Fall abgebrochen werden. Die Mitarbeiter sind jetzt gespannt, wie es weitergeht. Deshalb sollte eine To-do-Liste und ein Aktionsplan für das nächste Meeting aufgestellt werden.

Der Aktionsplan

- Was muss erledigt werden?
- Wer ist dafür verantwortlich?
- Wann soll das Ergebnis vorliegen?

Tab. 6: Aktionsplan

	WAS? – Inhalt	WER? – Personen	WANN? – Termine
1.			
2.			

3.			
4.			
5.			
6.			
7.			
8.			
9.			

Zum Abschluss kann noch eine Feed-back-Runde eröffnet werden. Wie hat es den Projektmitarbeitern gefallen, sind sie nun motiviert oder eher abgeschreckt? Gibt es Verbesserungsvorschläge für die nächsten Meetings?

Checkliste – Phase 1: Vorbereitung

- Welche Ziele sollen erreicht werden?
- Wie müssen die Ziele formuliert werden?
- Wann sollen die Ziele erreicht sein?
- Was sind die Meilensteine?
- Welche Ressourcen sollten Sie bei Ihrer Planung beachten?
- Ein Projektstrukturplan teilt sich auf in ...?
- Was ist ein Listenplan?
- Welche Vorteile sprechen für ein Balkendiagramm?
- Welche Voraussetzungen gelten für die Erstellung eines Projektnetzplans?
- Was muss der Projektleiter vor der Teamauswahl wissen?
- Welche Themen sollten in der Präsentation bearbeitet werden?

Reminder!
1. Ziele definieren
2. Phasendiagramm erstellen
3. Meilensteine setzen
4. Ressourcenplanung vornehmen
5. Pläne erstellen
6. Kick-Off-Meeting planen und durchführen

3.2 Phase 2: Durchführung und Controlling – Tool-box!

»Nur wer die Vergangenheit kennt, kann die Gegenwart erkennen und die Zukunft bestimmen«, schrieb der chinesische Schriftsteller Laotse.

Die Planung ist abgeschlossen, wenn das gesamte Team mit der Zeit- und Ressourceneinteilung zufrieden ist. Das bedeutet aber nicht, dass die Projektpläne nun zur Seite gelegt werden können. Sie müssen jetzt für den gesamten Projektverlauf veröffentlicht werden. Gefährlich wird es, wenn nur der Projektleiter den Ablaufplan hat und Anweisungen gibt. Die Mitarbeiter müssen wissen, in welcher Phase sie sich befinden. Können sie sehen, dass sie schon beispielsweise drei Phasen erfolgreich abgeschlossen haben, fördert das die Motivation und damit die Aktivität im Team. Weiterhin kann der Projektleiter eine IMV-Matrix (Information, Mitarbeit, Verantwortung) erstellen, die er an sein Team als Handout verteilt. In der Aufgabenbewältigung weiß dann jedes Mitglied im Team, wer wofür zuständig ist und wen er in Bezug auf was fragen kann.

Tab. 7: IMV-Matrix

IMV-Matrix					
Arbeitspakete	Arbeits-aufwand	Meier	Müller	Kaiser	Muster
1. SOLL-Zustand ermitteln	8	V4	I	M3	I
2. Mitarbeiter-befragung	8	M1	V5	M3	I
3. IST-SOLL-Abgleich	2				V2
Kapazität in Tagen	18	4	5	6	1

I = wird informiert; M = wirkt mit; V = ist verantwortlich

Praxis-Check – Patientenzufriedenheit
Immer mehr Senioren haben sich in letzter Zeit über das Personal geärgert, weil es sehr oft zu Unpünktlichkeit bei der Medikamentenvergabe kam. Das Management der Seniorenresidenz Sonnenstift gGmbH entschloss sich, zeitnah eine Mitarbeiterbefragung durchzuführen.

3.2.1 Aufgabenmanagement

Ein Projekt schließt eine Menge lebendiger Prozesse ein, die sich verändern und natürlich auch Probleme aufweisen können. Einflussfaktoren können sein:

- Politische Umwelt (Gesetze, Verordnungen)
- Ökonomische Umwelt (Wettbewerb)
- Natürliche Umwelt

- Lieferanten
- Kunden
- Soziokulturelle Umwelt (Medien, Öffentlichkeit)
- Technische Umwelt (Technologie)
- Kapitalgeber

Die Faktoren können das Projektergebnis mehr oder weniger stark beeinflussen. Wie können Sie damit umgehen? Auf der einen Seite werden viele Risiken durch die Projektplanung umgangen bzw. mit berücksichtigt. Auf der anderen Seite müssen die Gefahren aber auch während des Projekts kontrolliert werden.

Durch eine Risikoermittlung und das richtige Zeitmanagement können die Bedrohungen weiter eingegrenzt werden.

Risikoermittlung

Komplexe Projekte weisen oft eine Vielzahl unbekannter Faktoren auf. Daher ist es eine wichtige Aufgabe der Projektleitung, die in der Zukunft liegenden Risiken zu erkennen und einzuschätzen. Mittels einer Checkliste kann das Risiko erkannt und behoben werden (vgl. Tab. 8).

Tab. 8: Checkliste zur Ermittlung von Risiken

Risikoanalyse			
Projekt: ...			
Nr.	**Aufgaben mit hohem Risiko**	**Mögliche Ursachen**	**Präventive Maßnahmen**	**Korrektive Maßnahmen**
25	Die Mitarbeiterbefragung wird nicht rechtzeitig fertig	Urlaubszeit	Per Post die Befragung durchführen oder verschieben	Personalplan analysieren
26	...			

Checkliste – Problemlösungszyklus

Um Probleme zu lösen, müssen immer wieder folgende Fragen beantwortet werden:

- Wohin sollen wir?
- Wo stehen wir?
- Welche Wege gibt es?
- Welches ist der beste Weg?

Zeitmanagement

Meilensteine zu setzen ist eine Form des Zeitmanagements, die schon in Kapitel 3.1 vorgestellt wurde. Neben den Ergebnisterminen fallen in einem Projekt aber noch weitaus mehr Fristen an. Werden diese nicht notiert, geraten sie oft in Vergessenheit. Wichtige Termine können den ganzen Projektablauf in Verzug bringen. Deshalb ist es von Vorteil eine To-do-Liste mit Terminen daten aufzustellen, die nach Erledigung abgehakt werden können.

> **Quick-Tipp!**
> Arbeiten Sie jeden Tag am Computer? Dann können Sie sich auch mithilfe heutiger Software (Outlook) an die Aufgaben in einem »Projektkalender« erinnern lassen.

3.2.2 Koordinierung der Ergebnisse – Kontrolle

Ein Projekt hat einen »Fahrplan« – den Projektstrukturplan oder Projektnetzplan – dessen Route immer wieder überprüft werden muss, damit der Weg nicht verlassen wird. Der Projektleiter übernimmt die Aufgabe des »Steuermanns«.

Projektsteuerung

Um die Ziele der Projektsteuerung wie Einhaltung des Zeitplans, optimale Ressourcennutzung, Gewinnmaximierung und Intensivierung des Informationsaustausches zu erreichen, sollten folgende Maßnahmen berücksichtigt werden:

- freie Ressourcen optimal nutzen,
- Pufferzeiten berücksichtigen und einsetzen,
- falls notwendig, das Konzept ändern und den
- Kommunikationsfluss erhöhen.

Projektkontrolle

Es kann immer wieder passieren, dass das Projekt vom geplanten Weg abkommt. Unvorhersehbare Schwierigkeiten können auftreten und die Zielerreichung bedrohen. Gefährdet sind der zeitgerechte Abschluss, die gewünschte Ausführung, das geplante Budget oder die erforderliche Qualität. Effizientes Management kann diese Katastrophen verhindern oder zumindest den Schaden begrenzen.

Checkliste
Folgende Liste hilft Ihnen zur Selbstkontrolle:

- Wurden die Ziele verbindlich definiert?
- Wurden Meilensteine gesetzt und überwacht?
- Sind die Ressourcen und Kompetenzen eindeutig bestimmt?
- Gibt es regelmäßige Meetings?
- Werden Protokolle der Meetings erstellt?
- Werden die Zwischenergebnisse überprüft und mit dem SOLL-Wert abgeglichen?
- Werden Sie das Projekt termingerecht beenden?
- Werden regelmäßige Berichte über den Projektablauf und die Zeiteinteilung konzipiert?
- Läuft der Dokumentationsfluss gut?
- Reagieren Sie sofort auf Veränderungen?

IST-Zahlen-Abgleich

Bei jeder Projektaktivität sollte ein Regelkreis eingehalten werden. Der Output, das Ergebnis jeder Aktivität, wird gemessen und mit den SOLL-Zahlen verglichen. Ist eine Abweichung zu erkennen, werden Maßnahmen erstellt und der Input verändert (vgl. Abb. 18).

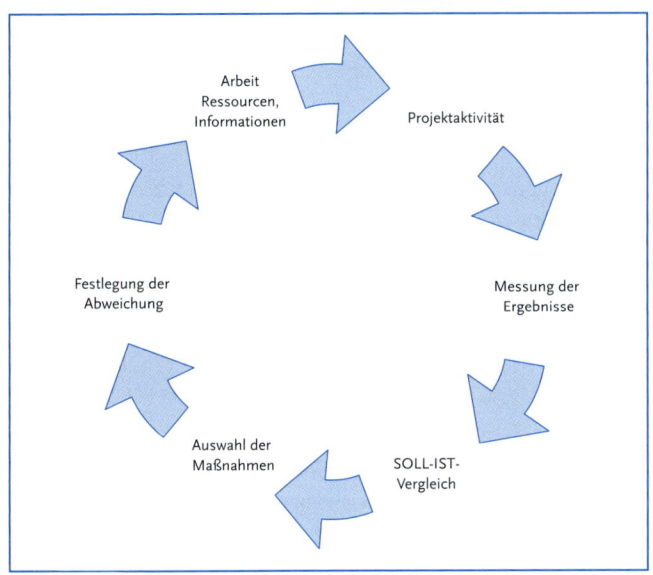

Abb. 18: Regelkreislauf

Quick-Tipp!
Die Projektsteuerung und -kontrolle stehen in Abhängigkeit zu Ihrer Planung. Je besser die Projektplanung ist, desto weniger muss später verändert und improvisiert werden.

Kostenkontrolle

Damit Ihnen nicht das Geld ausgeht, kann anhand eines SOLL-IST-Kostenvergleichs das Budget kontrolliert werden. Dokumentieren Sie die geplanten Kosten und berechnen Sie die Abweichung zu den tatsächlichen Kosten. Ergeben sich positive oder negative Differenzen, müssen Maßnahmen eingeleitet werden, um die Kostenunterschiede zu beheben.

Tab. 8: SOLL-IST-Kostenvergleich

	Kostenvergleich		Abweichung	Beurteilung
	SOLL	IST		
Personal	70	70	---	---
Materialkosten	40	55	−15	37,5 % Überzug → Gefahr
Ausrüstung	55	57	−2	3,7 % Überzug → geringer Überzug
Mietkosten	30	21	+9	30 % Einsparung
Etc.				
Insgesamt	195	203	−8	4 % Überzug

Dokumentation

Im gesamten Team sollte ein kontinuierlicher Informations- und Dokumentationsfluss über die Ziele, Vorgänge, Ergebnisse, Statusberichte stattfinden. Eine Projektdokumentation, die sich aus den Protokollen der Meetings und der Zwischenergebnisberichte zusammenstellt, unterstützt die Erreichung der Projektziele, dient als Unterstützung bei wichtigen Entscheidungen und führt zu einer Zeiteinsparung. Weiterhin kann sie für spätere Projekte als Leitfaden benutzt werden.

Checkliste – Anforderungen an die Dokumentation
- Regelmäßiger Informationsfluss über den Projektablauf
- Pünktliche, vollständige, klar formulierte Informationen
- Zur Informationsdarstellung Diagramme, Schaubilder und/oder Tabellen nutzen
- Übersichtliche Formulierung der Protokolle und Berichte

Der ständige Informationsaustausch aller Teammitglieder wirkt motivierend und fördert das Gemeinschaftsgefühl. Des Weiteren findet ein Erfahrungsaustausch von fachfremden Bereichen statt. Somit können auch Erfahrungen und Wissen der Mitarbeiter besser genutzt werden.

Dadurch, dass auch Probleme und Risiken allen zugänglich gemacht werden, können sich die Lösungsvorschläge erhöhen.

> **Quick-Tipp!**
> Lassen Sie keine Ansammlung von unwichtigen Informationen zu. Sie könnten im schlimmsten Fall unter dem »Papiermüll« ersticken und den roten Faden verlieren.

3.2.3 Teamarbeit

Das Projektteam spielt im Projektmanagement eine besondere Rolle. Ohne die Teammitglieder geht es nicht. Sie verfolgen ein gemeinsames Ziel, agieren kooperativ, erarbeiten und entwickeln kollektiv Ergebnisse.

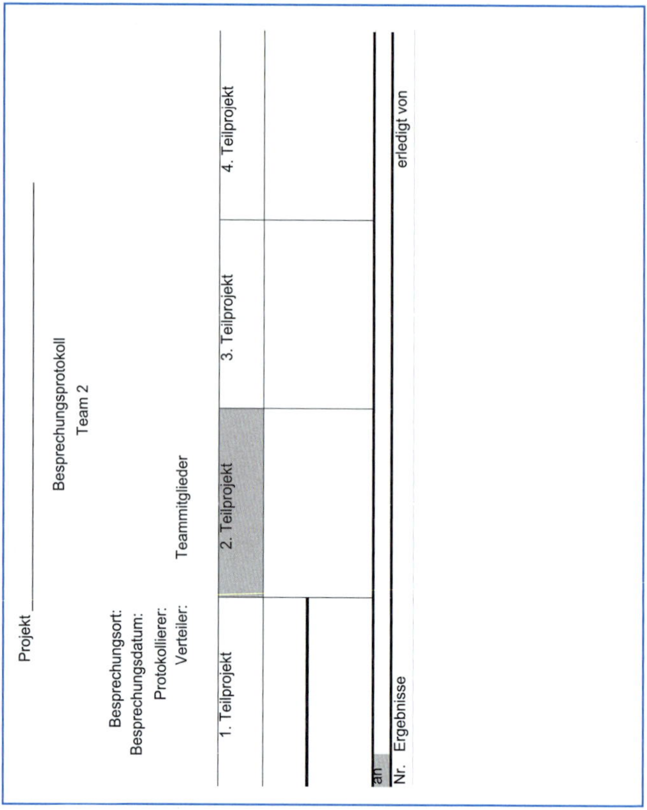

Projekt
Besprechungsprotokoll
Team 2
Besprechungsort:
Besprechungsdatum:
Protokollierer:
Verteiler:
Teammitglieder
1. Teilprojekt
2. Teilprojekt
3. Teilprojekt
4. Teilprojekt
an
Nr.
Ergebnisse
erledigt von

Abb. 19: Besprechungsprotokoll

Checkliste – Teameinschätzung

- Sind die Ziele offensichtlich?
- Werden Entscheidungen gemeinsam und übereinstimmend getroffen?
- Ist jeder vom Team motiviert und engagiert bei seiner Aufgabe?

- Sind die Führungspositionen eindeutig und richtig verteilt?
- Werden Arbeitsprozesse kontrolliert und verbessert?
- Diesen Quick-Check können Sie auch mit Ihren Teammitgliedern durchgehen.

Methoden des Wissenstransfers

Es gibt verschiedene Methoden, um mit dem Team zusammen Ideen und Entscheidungen zu sammeln (vgl. Knoll, 2003). Aufgrund der knappen Zeit in den Meetings kommt es darauf an, schnell Lösungen zu finden. Lange Diskussionen sind zeitraubend und weniger impulsive Teammitglieder kommen teilweise nicht zu Wort. Folgende Methoden führen zu einem schnellen Ergebnis:

- **Brainstorming** Das Brainstorming ist sinnvoll, wenn neue Ideen gefunden werden sollen. Die Einfälle der Projektmitglieder werden wahllos und spontan ohne Zensur oder Kommentar gesammelt. Um Hemmschwellen zu umgehen, werden Karten benutzt, auf denen die »Geistesblitze« in Stichworten notiert werden. Der Projektleiter hat nur die Aufgabe eines Moderators. Die Gesamtgruppe ordnet die Ergebnisse, indem sie bewertet und gewichtet werden.
- **635-Methode** Ebenfalls zur Ideenfindung hilft die 635-Methode. In einem Meeting schreiben
  - **sechs Personen** jeweils
  - **drei Ideen** auf und geben diese
  - **fünfmal** weiter.

Danach tauschen die Projektmitglieder die Ideen in einer festgesetzten Reihenfolge untereinander aus. Dadurch bauen sich die Ideen der Mitglieder aufeinander auf. Bei jeder weiteren Runde kommen neue Einfälle hinzu, bis zum Schluss kaum noch etwas Neues hinzukommt.

- **Pro- und Contraspiel** Die Pro- und Contramethode kann eingesetzt werden, wenn die Inhalte spannungsreich oder konfliktgeladen sind. Nachdem das Thema deutlich genannt wurde, wird die Arbeitsgruppe in zwei Parteien aufgeteilt. Die Contra- und Pro-Gruppen bekommen jeweils ca. 10 min Zeit, sich in ihre Sicht des Problems hineinzuversetzen. Darauf folgt der direkte Austausch der beiden Gruppen (20–40 min). Abschließend wird die Diskussion ausgewertet und ein Konsens gefunden.

Motivation

Das Verhalten des Menschen wird von Motiven/Bedürfnissen geleitet. Eine Befragung zu den Motivationsfaktoren von Managern und Mitarbeitern erzielte die in Tabelle 9 dargestellten Ergebnisse.

Tab. 9: Motivationsfaktoren von Managern und Mitarbeitern

Motive des Managers	Motive des Mitarbeiters
1. Gute Bezahlung	1. Anerkennung
2. Sicherer Arbeitsplatz	2. Mitdenken können, Information
3. Aufstiegsmöglichkeiten	3. Angemessene Bezahlung
4. Interessante Arbeit	4. Verständnis und Hilfe in persönlichen Angelegenheiten
5. Gute Arbeitsbedingungen	5. Aufstiegsmöglichkeiten und gesicherter Arbeitsplatz
6. Anerkennung und Hilfe persönlicher Art	

Zeigt der Projektleiter seine eigene Begeisterung für das Projekt, springt der Funke auch auf sein Team über (vgl. Abb. 9). Floskeln wie »Ich hatte Anfangs auch keine Lust das Projekt zu leiten« oder »Eigentlich wurde ich ja dazu gezwungen« lösen bei den Projektmitarbeitern fatales Misstrauen aus. Motivation fordert emotionale Intelligenz vom Projektleiter.

Checkliste – Durchführung
- Was ist eine IMV-Matrix?
- Welche Einflussfaktoren können Ihr Projekt gefährden?
- Wie wird eine Risikoanalyse durchgeführt?
- Was versteht man unter einem SOLL-IST-Abgleich?
- Wozu dient die Dokumentation?
- Welche Methoden des Wissenstransfers fallen Ihnen ein?
- Wie können Sie Ihre Mitarbeiter motivieren?

3.3 Phase 3: Nachbereitung – Ausdauer verspricht Erfolg!

»*Mit Verbesserungen macht man ein Vermögen, nicht mit Erfindungen*«, schrieb Henry Ford.

Das Projekt ist mit Abschluss der Phase 2 noch nicht zu Ende.

Zur Vollendung des Projekts muss der Projektleiter den konkreten Erfolg ermitteln:

- Sind alle Zielvorgaben erreicht?
- Wurden die Ressourcen eingehalten?
- Wurden die Terminvorgaben befolgt?
- Wurde das Budget eingehalten?

Projektabschluss
Um ein Projekt abschließen zu können, müssen folgende Aufgaben erledigt sein. Haken Sie jede Aktivität ab und dokumentieren Sie, wann sie fertig gestellt wurde und wer dafür verantwortlich war.

- **1. Projektauftrag** Änderungen des Projektauftrags müssen beschrieben werden und falls notwendig überarbeitet werden.
- **2. Projektplan** Sind die Fertigstellungstermine dokumentiert? Abschließend sollte ein Meeting einberufen werden, wo die Ergebnisse präsentiert werden (vgl. Kap. 3.3.2).
- **3. Finanzen** Eine letztendliche Abrechnung muss für das Projekt erstellt werden.
- **4. Mitarbeiter** Die Personalakten der Projektmitarbeiter müssen aktualisiert werden. Wurden Beurteilungen eingefügt? Bei einer Projektorganisation, wo die Projektteilnehmer aus der Linienarbeit herausgenommen wurden, muss eine Wiedereingliederung organisiert werden.
- **Auftraggeber** Ist die Übergabe des Projekts organisiert und ein Termin vereinbart?

3.3.1 Protokoll verfassen

In dem Protokoll soll das komplette Projekt kurz und prägnant beschrieben werden. Als Erstes werden die Ziele aufgelistet und der Strukturplan dargestellt. Die Beschreibungen der Leistung ergeben sich aus den Berichten der Zwischenergebnisse. Neben den wichtigsten Ergebnissen umfasst das Protokoll eine Auflistung der Einsatz- und Verbrauchsmittel. Sind die Ziele erreicht? Wenn noch Verbesserungs- oder Veränderungsbedarf besteht, sollte das auch in dem Protokoll aufgenommen werden.

Zum Schluss ergibt sich eine komplette Dokumentation, die sich zusammensetzt aus den Auftragsunterlagen, Plänen und Vereinbarungen, Zwischenberichten bzw. Protokollen aus den Meetings, die den angefallenen Arbeitsfortschritt und die Einsatz- und Verbrauchsmeldungen beinhalten. Der Projektleiter sollte diese Sammlung von Berichten und Protokollen mit einem Deckblatt und einer Übersicht versehen. Das Abschlussprotokoll sollte obenauf abgeheftet werden, schließlich fasst es alles Wichtige zusammen.

Checkliste – Inhalte des Protokolls

- Ziele, Aufgabenstellung
- Projektstruktur, -organisation
- Leistungsbeschreibung
- Wichtige Ergebnisse und kritische Probleme
- Projekteinsatzmittel (Kosten, Personal)

3.3.2 Transfer der Ergebnisse – Feed-back

Ergebnispräsentation
Die Ergebnisse sollten aber nicht nur im Projektprotokoll darge-

legt werden. Informationen und Ergebnisse in einer Präsentation vorzustellen, wirken für den Empfänger interessanter und überzeugender. Natürlich muss der Projektleiter hierbei gut vorbereitet sein, um sein Publikum nicht zu langweilen.

Vorbereitung bedeutet, die Inhalte zu strukturieren in Einleitung, Hauptteil und Abschluss. Welche Gliederungspunkte, Informationen, Argumente gehören in welchen Präsentationsteil?

Quick-Tipp!
Bereiten Sie sich vor, indem Sie ...
- Stichwortkarteikarten mit den Inhalten erstellen,
- auch über die Schwächen des Projekts nachdenken,
- Medieneinsatz planen (Flipchart, Overheadprojektor, Beamer, Pinnwand, Kreidetafel, Präsentationskoffer),
- proben und sich auch kritisieren lassen.

Oft ist es für den Projektleiter, dem die Zusammenhänge und Hintergründe klar sind, schwierig, Ereignisse oder Ergebnisse so darzustellen, dass sie von Laien verstanden werden. Am besten versetzen Sie sich in die Rolle der Hörer und hinterfragen, was sie brauchen.

Quick-Tipp!
Beachten Sie in jedem Fall folgende acht Regeln:
1. **Hörer brauchen Motivation**
   Wie können Sie die Darstellung der Themen interessant machen? Gibt es eine spannende Frage oder können Sie ein erwähnenswertes Beispiel einbringen?
2. **Hörer brauchen Überblick**
   Der Vortrag muss klar und logisch gegliedert sein. Es ist gut, wenn die Gliederung auch optisch für den Hörer erfassbar

ist. Schweifen Sie etwas ab, wiederholen Sie den Gliederungspunkt, wo Sie stehen geblieben sind.

3. Hörer wollen Zusammenhänge sehen
Nehmen Sie bei der Präsentation der Ergebnisse Bezug zu den vorherigen Ergebnissen. Stellen Sie Erfolge und Misserfolge dar.

4. Hörer wollen Wesentliches wissen
Referieren Sie nicht über jede Kleinigkeit. Stellen Sie die hauptsächlichen Fakten besonders hervor. Zu viele Informationen kann sich sowieso niemand merken.

5. Hörer brauchen Hörhilfen
Freies Sprechen, Mimik und Gestik gehören zu solchen Hörhilfen. Stellen Sie sich einmal vor den Spiegel und proben Sie die Präsentation. Sie werden schnell merken, was Sie auf keinen Fall machen sollten. Aber keine Angst, es ist noch kein Meister vom Himmel gefallen.

6. Hörer brauchen Klarheit
Stellen Sie die Projektleistungen nicht zu komplex dar. Der Hörer muss auf Anhieb verstehen, was Sie wie erreicht haben.

7. Hörer brauchen Verständnishilfen
Komplizierte Sachverhalte sollten durch Beispiele erläutert und/oder durch Diagramme visualisiert werden. Sehen Sie trotzdem beim Vortrag in fragende Gesichter, stellen Sie Fragen der Verständlichkeit.

8. Hörer brauchen Zeit für Diskussion
Kommen Fragen auf, versuchen Sie direkt darauf zu reagieren. Diskussionen dagegen sollten am Ende der Präsentation geführt werden. Vergessen Sie zum Schluss die Diskussionspunkte nicht.

Medien sind in Vorträgen ein wichtiger Bestandteil. Der Empfänger nimmt Informationen leichter auf und behält sie auch länger. Sachverhalte werden verdeutlicht, der Überblick und die Orientierung werden verbessert und die Zusammenhänge werden leichter erkennbar. Zudem lockert es die Präsentation auf und mindert auch den Stress des Redners. Um die gewünschte Wirkung zu erzielen, müssen die Schaubilder, Grafiken und Transparente richtig und optisch ansprechend erarbeitet werden.

- **Texte** Die visuelle Darbietung von Texten wird Formatierung genannt. Mit moderner Softwaretechnik wird die Textverarbeitung zu einem Kinderspiel. Spalten, Ränder, Absätze, Schriftart, Schriftgröße und Hervorhebungen sind einige der Bearbeitungsmethoden, die den Text lebendiger werden lassen.
- **Grafiken** Zahlenwerte und Bilder können visuell dargestellt werden. Bei der Darstellung von Zahlen oder Daten werden häufig Balkendiagramme, Kreisdiagramme oder Kurvendiagramme verwendet. Die bildliche Darstellung verdeutlicht meist die Sachverhalte und ist eine sinnvolle grafische Ergänzung.

Feed-back

Das Projektteam sollte nach dem Abschlussmeeting nicht einfach ohne Rückmeldung auseinander gehen. Der Projektleiter sollte sich auf jeden Fall zu den positiven Leistungen des Teams äußern. Jeder Einzelne kann in einem Meeting nicht beurteilt werden. Bei Rückfrage eines Projektmitarbeiters auf seine Fähigkeiten sollte der Projektleiter ein Mitarbeitergespräch mit der Person vereinbaren, wo ein individuelles Feed-back gegeben werden kann. Weiterhin sollte das Projektteam für seine Arbeit honoriert werden.

> **Quick-Tipp!**
> Leistungshonorierungen können sein:
> - Beurteilung
> - Empfehlung (-schreiben)
> - Belohnung
> - Aufstiegschancen
> - Feier

Auch der Projektleiter sollte sich von seinem Team beurteilen lassen. Durch einen Fragebogen können die Projektmitglieder anonym eine Rückmeldung zu der Zusammenarbeit mit ihrem Projektleiter geben. Für ein kollektives Feed-back der Teamarbeit eignet sich das Feed-back-Gespräch als schnelle Alternative.

> **Quick-Tipp!**
> *Feed-back-Gespräch*
> Schreiben Sie präzise Einstiegsfragen gut sichtbar auf ein Plakat. Danach kann jeder seine Rückmeldung abgeben. Die Fragen könnten bspw. lauten:
> - Womit war ich besonders zufrieden?
> - Gab es Situationen oder Ereignisse, die mich enttäuscht haben?
> - Wurden Erfahrungen gemacht, die die zukünftige Arbeit beeinflussen?

Checkliste – Nachbereitung
- Wurde das Abschlussprotokoll erstellt?
- Wurden die Projektergebnisse den Verantwortlichen übergeben?
- Ist die Abschlusspräsentation vorgestellt worden?
- Wurde der Erfolg auch gefeiert?

Things to do:

Projektmanagement kann nur funktionieren, wenn alles gut durchorganisiert ist.

- Der Projektmanager empfiehlt: »*Wer sein Projekt strukturiert aufbaut und übersichtliche Projektpläne erstellt, ist dem Ergebnis schon einen großen Schritt näher.*«
- Der Projektmanager empfiehlt: »*Kontrollieren Sie regelmäßig den Projektablauf, können Sie viele unerwartete Risiken umgehen.*«
- Der Projektmanager empfiehlt: »*Ein Projekt ist erst dann erfolgreich beendet, wenn der Transfer der Ergebnisse gegeben ist.*«

Quick-Check

- Welche Pläne werden im Projektmanagement unterschieden und was zeichnet sie aus?
- Wofür stehen die Abkürzungen FAZ, FEZ, SAZ, SEZ?
- Was ist ein Kick-Off-Meeting?
- Welche Arbeitsmethoden können bei der Teamarbeit eingesetzt werden?
- Worauf kommt es bei der Projektpräsentation an und wie motivieren Sie Ihre Zuhörer?

Kapitel 4:
Ein erfolgreiches Projekt aus der Praxis

4.1 Hintergrund

Im Winter des Jahres 2003/2004 haben die Autoren in Zusammenarbeit mit den Verantwortlichen der Ambulante Dienste Gelsenkirchen gGmbH (Gelsenkirchen) ein *strategieorientiertes Personalentwicklungssystem* für insgesamt fünf Diakoniestationen entwickelt und erfolgreich eingeführt.

> **Definition**
> Wesentliche Kennzeichen einer strategieorientierten Personalentwicklung sind:
> - Prospektive Planung der Personalentwicklung
> - Regelmäßige Ermittlung des Personalentwicklungsbedarfs aus der Perspektive der Unternehmensführung sowie anhand der Wünsche der Mitarbeiter
> - Bedarfsorientierte Personalentwicklungsbudgetvereinbarung
> - Standardisierte und objektive Personalentwicklung durch verbindliche Regelungen

Die Ambulante Dienste Gelsenkirchen gGmbH versorgt pflegebedürftige Personen ausgehend von insgesamt fünf Standorten in Gelsenkirchen. In den Diakoniestationen in Buer-Nord, Buer-Süd, Gelsenkirchen-Ost, -West und -Mitte ist qualifiziertes Personal für die Dienstleistungserbringung verantwortlich. Jede Diakoniestation wird von einer ausgebildeten Pflegedienstleitung und deren Stellvertretung geführt. Alle Teams verfügen über langjährige Berufserfahrung in der Alten- und Krankenpflege. Geboten wird »Qualität vor Quantität«; eine optimale Versorgung der Patienten unter Einbeziehung der Angehörigen in dem ihnen vertrauten Umfeld soll dadurch erreicht werden. Neben den Diakoniestationen gehören auch eine Tagespflege sowie das Essen auf Rädern zum Unternehmen. Ein besonders enger Kontakt wird aufgrund der unternehmerischen Verbundenheit zu der Evangelische Kliniken Gelsenkirchen GmbH gepflegt. Aber auch zu anderen Krankenhäusern sowie Ärzten, Apotheken, Sanitätshäusern etc. existieren Kontakte, die dem Patienten zu Gute kommen.

4.2 Projektakquisition

Auslöser für dieses Projekt war das Bestreben der Ambulante Dienste Gelsenkirchen gGmbH, die bisherigen Aktivitäten in Sachen Personalentwicklung zu professionalisieren. Die Verantwortlichen wollten nicht mehr ausschließlich punktuelle Personalentwicklung betreiben, sondern ein System nutzen, mit dem die Potenziale des Humankapitals im Sinne der Ziele des Unternehmens Gewinn bringend eingebracht werden können. Aus diesem Grund führte der zentrale Pflegedienstleiter Knut Jahndorf als Mitglied der obersten Leitung ein erstes informatives Telefonat mit Christian Loffing (Organisationsberater) bezüglich der Realisierbarkeit der neuen Idee. Der Startschuss für dieses Projekt fiel noch in diesem Telefonat. Im Rahmen eines anschließenden ersten persönlichen Treffens sollten weitere Details diskutiert und in einen Projektplan (vgl. Abb. 20) eingeflochten werden. Im Rahmen des ersten Telefonats wurden diesbezüglich der Termin sowie die Gruppe der teilnehmenden Personen bestimmt. Hierbei handelte es sich auf Seiten der Ambulante Dienste Gelsenkirchen gGmbH um folgende verantwortliche Personen:

- Knut Jahndorf (Pflegedienstleiter, Vertreter der obersten Leitung)
- Ulrich Deutsch (stellv. Pflegedienstleiter)
- Ricarda Reiter (Pflegedienstleiterin einer Diakoniestation und zukünftige Personalentwicklungsbeauftragte)

Vonseiten der Organisationsberatung wurden zwei Personen mit der Entwicklung des Personalentwicklungssystems beauftragt:

- Christian Loffing (Organisationsberater)
- Sandra Budnik (Praktikantin im Projekt)

Die Einbindung einer Projektpraktikantin (cand. Dipl.-Päd. im gehobenen Semester) hatte zum Ziel, Kosten zu sparen. Durch die Auswahl einer in ähnlichen Projekten erfahrenen Studentin und deren Einbindung bereits zu Beginn des Projekts konnten einige Recherche- und Entwicklungsaufgaben delegiert werden. Eine Kontrolle der von ihr entwickelten Dokumente erfolgte durch Herrn Loffing, die Umsetzbarkeit prüfte Frau Reiter.

4.3 Projektstart

Im Oktober 2003 fand schließlich das erste konspirative Treffen im Büro von Herrn Jahndorf statt. Die Eckdaten des Projekts wurden hierbei bestimmt. Ein Projektplan konnte anschließend entwickelt werden.

4.3.1 Projektausgangspunkt – Ist-Zustand

Selbstverständlich wurde auch vor diesem Projekt Personalentwicklung betrieben. Alle gesetzlichen Forderungen konnten erfüllt werden. Allerdings verliefen die Qualifizierungsbemühungen weitgehend unkoordiniert, wenig aufeinander abgestimmt. Es mangelte an einheitlichen Regelungen, Wirtschaftlichkeitspotenziale wurden in der Personalentwicklungsarbeit vermutet.

Als besonders kritisch wurde vonseiten der Pflegedienstleiter der Diakoniestationen betrachtet, dass kein transparentes Personalentwicklungsbudget vorhanden sei. Jede einzelne Schulung musste beantragt und genehmigt werden. Der Aufwand hierfür wurde als unverhältnismäßig und nicht zeitgemäß angesehen. Des Weiteren wurde mehr Selbstständigkeit im Rahmen der Personalentwicklungsarbeit eingefordert.

4.3.2 Projektziele – Soll-Zustand

Im Vordergrund stand die Optimierung der bisherigen Bemühungen in Sachen Personalentwicklung und der Aufbau eines strategieorientierten Personalentwicklungssystems. Selbstverständlich wurde in der Einrichtung auch vor dem Projektstart Personalentwicklung betrieben. Allerdings erfolgte dies nur punktuell und ohne einen direkten Bezug zu den strategischen Entscheidungen des Managements.

4.4 Projektbudget

Das Budget für die Durchführung dieses Projekts war ausgesprochen knapp bemessen. Neben der allgemein angespannten monetären Situation im Gesundheitswesen kam zu diesem Projekt noch der ungünstige Zeitpunkt. Zum Ende des Jahres sind viele Budgets aufgebraucht, respektive verplant. »Neue Töpfe« sind zum Ende des Jahres schwer zu finden.

Im Rahmen der schwierigen Vertragsverhandlungen konnte dennoch eine Lösung gefunden werden. Mehrere Faktoren konnten kostenminimierend eingebracht werden. Zum einen konnten die Kosten der Organisationsberatung durch die Einbindung einer erfahrenen Projektpraktikantin stark reduziert werden. Herrn Loffing kam als Projektleiter mehr die Aufgabe der Delegation und anschließenden Kontrolle zu. Die bereits längere Zusammenarbeit mit der Projektpraktikantin sorgte dafür, dass es zu keinerlei Irritationen und Abstimmungsschwierigkeiten kam. Zum anderen hatte positive Auswirkungen auf die Kostensituation, dass Herr Loffing zu Projektbeginn nicht nur die Einrichtung und ihre Besonderheiten bereits seit mehreren Jahren kannte, sondern auch alle am Projekt beteiligten Personen sowie die Pflegedienstleiter der Diakoniestationen. Damit mussten keine weiteren Workshops zum Kennenlernen durchgeführt werden. Ausreichend Felderfahrung im Umgang mit ambulanten Pflegediensten war ebenfalls aufgrund der Vielzahl bereits durchgeführter Projekte in solchen Einrichtungen vorhanden. Des Weiteren hatte die Erfahrung von Herrn Loffing mit ähnlichen Projekten einen positiven Effekt. Vielfach konnten Anleihen in vergleichbaren Projekten genommen werden.

4.5 Projektzeitplan

Für die Darstellung des Projektzeitplans wurde ein Balken-Diagramm gewählt (vgl. Abb. 20). Das Projekt hatte einen zeitlichen Umfang von 3 ½ Monaten. Hierbei handelt es sich um die reine Projektzeit, die Phase der Akquisition ist nicht mit eingerechnet worden. Bei der Entscheidung für diesen vermeintlich langen Zeitraum konnte gewährleistet werden, dass alle Informationen gesammelt und integriert werden können. Eingeflossen ist auch,

Projekt
Entwicklung eines strategieorientierten Personalentwicklungskonzepts

Ambulante Dienste Gelsenkirchen gGmbH

Projektphasen	Kalenderwochen 2003										2004			Maßnahme	Beteiligte
	42	43.	44.	45.	46.	47.	48.	49.	50.	51.	1.	2.	3.		
1. Kick-off														Gespräch	Jahndorf, Deutsch, Reiter, Loffing, Budnik
2. Informationssammlung														Recherche/Telefonate	Deutsch, Loffing, Budnik
* Unternehmen														Telefonat	Deutsch, Loffing
* Unternehmensstruktur														Telefonat	Deutsch, Loffing
* Vorhandene Unterlagen														Telefonat	Deutsch, Loffing
* Gesetzliche Grundlagen														Telefonat	Deutsch, Loffing, Budnik
* Regelmäßige Seminare														Recherche	Budnik
* Grundlegende Qualifikationen														Recherche	Budnik
3. Entwicklungsphase														Erstellen	Loffing, Budnik
* Entwicklung der Verfahrensanweisungen														Erstellen	Loffing, Budnik
* Entwicklung der Checklisten														Erstellen	Loffing, Budnik
* Entwicklung der Fragebögen														Erstellen	Loffing, Budnik
4. Abschlussphase														Gespräch/Korrektur	Jahndorf, Deutsch, Reiter, Loffing, Budnik
* Präsentation der Ergebnisse														Gespräch	Jahndorf, Deutsch, Reiter, Loffing, Budnik
* Korrektur														Korrektur	Jahndorf
* Nachbesserung														Korrektur	Loffing
5. Schulungsphase														Schulung	Reiter, Loffing, Budnik, PDL´s, stellv. PDL´s
* Schulung der PDL´s / stellv. PDL´s														Schulung	Reiter, Loffing, Budnik, PDL´s, stellv. PDL´s

(Puffer im Bereich 2004, KW 1.)

Projektleitung: Christian Loffing
Projektassistenz: Sandra Budnik

Abb. 20: Projektzeitplan

dass sich das Projekt über den Monat Dezember erstreckte. Für diesen Monat war absehbar, dass einzelne Verantwortliche nur schwer zu erreichen, respektive für Aufgaben im Rahmen des Projekts zu gewinnen seien. Im Monat Dezember finden traditionell in Unternehmen vielfältige Weihnachtsveranstaltungen statt. In jeder einzelnen Phase wurde ein Puffer von einer halben bis zu einer Woche eingebaut. Des Weiteren wurde ein zusätzlicher Puffer von zwei Wochen am Ende des Projekts eingebaut. Damit konnte gewährleistet werden, dass das Projekt auf jeden Fall im Monat Januar abgeschlossen werden kann.

4.6 Beschreibung der einzelnen Projektphasen

Das Projekt wurde in fünf inhaltlich sinnvolle Phasen unterteilt, die aufeinander aufbauen und sich teilweise überschneiden. Im Mittelpunkt des Projekts standen die Phasen 2 und 3. Hier ging es um die Informationssammlung und anschließende Entwicklung des strategieorientierten Personalentwicklungssystems.

Folgende fünf Phasen umfasste das Projekt (vgl. Abb. 20):

Phase 1: Kick-Off
Phase 2: Informationssammlung
Phase 3: Entwicklungsphase
Phase 4: Abschlussphase
Phase 5: Schulungsphase

Phase 1: Kick-Off
Das Kick-Off-Meeting war der eigentliche Start des Projekts, es fand im Büro des zentralen Pflegedienstleiters statt. Das Projektteam traf an diesem Tag zum ersten Mal vollständig zusammen und beschloss den Start. Erste wesentliche Inhalte wurden dis-

kutiert, Aufgaben konnten verteilt werden, Unterlagen wurden übergeben und ein erster grober Zeitplan wurde festgelegt.

Bereits hier wurde deutlich, dass alle Beteiligten großes Interesse an der Gestaltung des Projekts hatten. Das Verhältnis der Beteiligten untereinander war durch Wertschätzung und Sympathie geprägt. Allen Personen waren die Ziele im Rahmen des Projekts klar, die auf breite Zustimmung stießen.

Phase 2: Informationssammlung

Trotz der guten Vorbereitung der Verantwortlichen der Ambulante Dienste Gelsenkirchen gGmbH für das Kick-Off-Meeting konnten nicht alle benötigten Unterlagen bis zu diesem Termin bereitgestellt werden. In der Phase der Informationssammlung, die einen Umfang von insgesamt drei Wochen umfasste, wurden schwerpunktmäßig zwei Informationsquellen benutzt. Zum einen wurden relevante Informationen aus dem Unternehmen ermittelt, zum anderen wurde nach relevanten gesetzlichen Grundlagen geforscht, die im Rahmen des Aufbaus eines Personalentwicklungssystems zu berücksichtigen sind. Zum Aufbau des strategieorientierten Personalentwicklungssystems mussten diese elementaren Informationen zusammengetragen werden. Nur unter Berücksichtigung dieser Informationen war eine erfolgreiche Entwicklung und Einführung des Systems zu erwarten.

Phase 3: Entwicklungsphase

Noch während der Phase der Informationssammlung begann die Entwicklung des Personalentwicklungssystems. Für die Entwicklungsphase wurde ein Zeitraum von insgesamt fünf Wochen veranschlagt. Dieser Zeitraum wurde benötigt, da immer wieder Abstimmungsbedarf mit der Einrichtung entstand. Entwickelt wurden Verfahrensanweisungen, Checklisten, Fragebögen und weitere Vordrucke (Aushänge, Listen und Bescheinigungen). Diese wurden mit einer definierten, einheitlichen Kopf- und Fußzeile versehen. Die Form der Kopf- und Fußzeile entspricht den Forderungen der DIN EN ISO 9001:2000. Die Verschlüsselung der einzelnen Dokumente sollte langfristig eine bessere Auffindbarkeit und Zuordnung ermöglichen. Es sollte gewährleistet werden, dass nur freigegebene und jeweils aktuelle Dokumente benutzt werden.

Im strategieorientierten Personalentwicklungssystem wurden zwei inhaltliche Schwerpunkte behandelt:

a) Die Ermittlung des Personalentwicklungsbedarfs
   (vgl. Abb. 21),
b) Die Organisation und Durchführung von Schulungen
   (vgl. Abb. 21).

Ermittlung des Personalentwicklungsbedarfs

Die folgende Abbildung verdeutlicht die Besonderheiten eines strategieorientierten Personalentwicklungssystems im Rahmen der Ermittlung des Personalentwicklungsbedarfs. Hier wird nicht nur die Notwendigkeit zu bestimmten Schulungen aus der Perspektive der Pflegedienstleiter berücksichtigt, sondern auch die Notwendigkeit aus der Perspektive des zentralen Pflegedienstleiters als Vertreter der Geschäftsführung und nicht zuletzt die Wünsche der Mitarbeiter werden bei der Ermittlung des Personalentwicklungsbedarfs gegeneinander abgeglichen und in einem Personalentwicklungsplan vereint.

Im Flussdiagramm in Abbildung 21 ist zu erkennen, dass es zu diesem Vorgang mehrere mitgeltende Dokumente gibt.

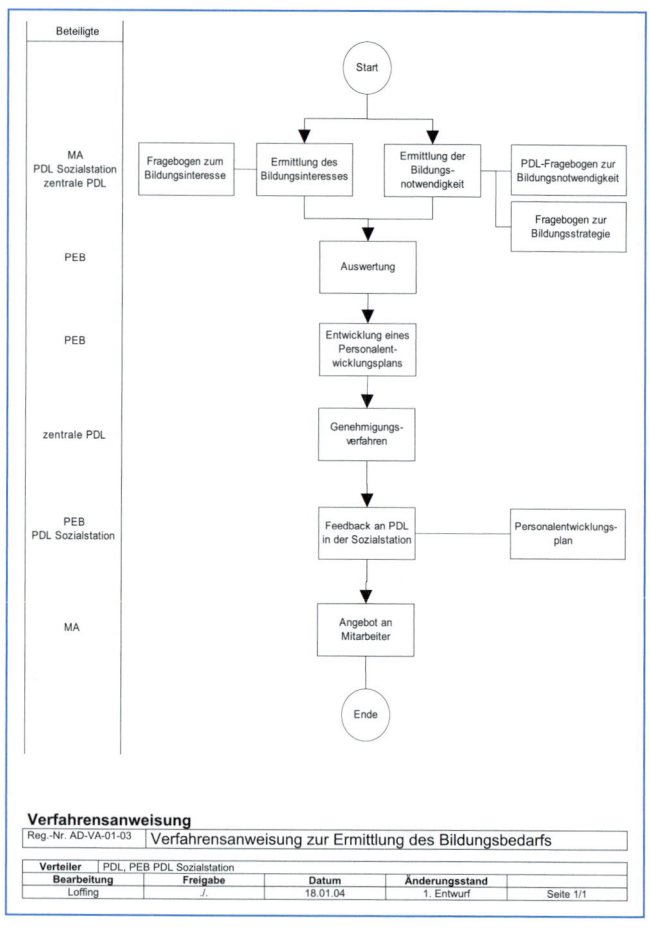

Abb. 21: Übersicht über die Phasen Ermittlung des Personalentwicklungsbedarfs (Ambulante Dienste Gelsenkirchen gGmbH)

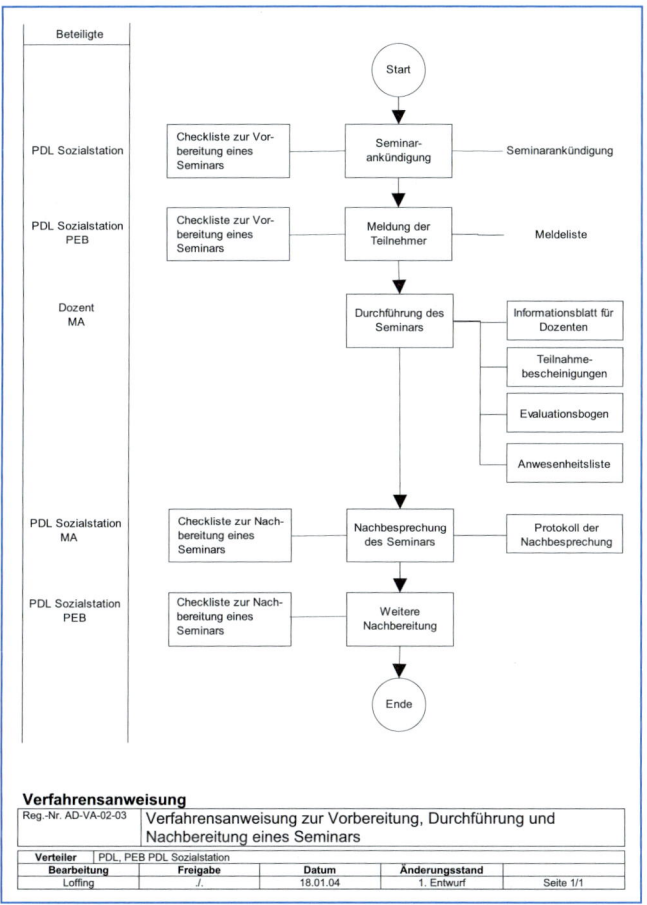

Beteiligte			
		Start	
PDL Sozialstation	Checkliste zur Vorbereitung eines Seminars	Seminarankündigung	Seminarankündigung
PDL Sozialstation PEB	Checkliste zur Vorbereitung eines Seminars	Meldung der Teilnehmer	Meldeliste
Dozent MA		Durchführung des Seminars	Informationsblatt für Dozenten / Teilnahmebescheinigungen / Evaluationsbogen / Anwesenheitsliste
PDL Sozialstation MA	Checkliste zur Nachbereitung eines Seminars	Nachbesprechung des Seminars	Protokoll der Nachbesprechung
PDL Sozialstation PEB	Checkliste zur Nachbereitung eines Seminars	Weitere Nachbereitung	
		Ende	

Verfahrensanweisung

Reg.-Nr. AD-VA-02-03	Verfahrensanweisung zur Vorbereitung, Durchführung und Nachbereitung eines Seminars			
Verteiler	PDL, PEB PDL Sozialstation			
Bearbeitung	Freigabe	Datum	Änderungsstand	
Loffing	./.	18.01.04	1. Entwurf	Seite 1/1

Abb. 22: Organisation und Durchführung von Schulungen (Ambulante Dienste Gelsenkirchen gGmbH)

Organisation und Durchführung von Schulungen

Auch für die Organisation und Durchführung von Schulungen wurden Regelungen gefunden, die eine zukünftig einheitliche Vorgehensweise gewährleisten sollen. Abbildung 22 gibt einen guten Überblick über die einzelnen Aktivitäten.

In einer Verfahrensanweisung zur Vorbereitung, Durchführung und Nachbereitung eines Seminars wurden alle notwendigen Regelungen skizziert (vgl. Abb. 22).

Phase 4: Abschlussphase

Im Anschluss an die Phase der Entwicklung des Personalentwicklungssystems folgte die Abschlussphase. Hier wurde die erste Version des strategieorientierten Personalentwicklungssystems den Hauptverantwortlichen der Ambulante Dienste Gelsenkirchen gGmbH präsentiert. In dieser insgesamt drei Wochen umfassenden Phase sollten Korrekturen und Nachbesserungen vorgenommen werden können, die schließlich zur Endfassung des Systems führten. Nach der ersten Präsentation wurden notwendige Änderungen eingebunden. Für eine letzte Kontrolle des Systems wurden die entwickelten Formulare nur noch per E-Mail versandt.

Insbesondere in dieser Phase bewährte sich der zweiwöchige Puffer am Ende des Projekts. Die letzten Abstimmungen und Korrekturen nahmen deutlich mehr Zeit in Anspruch als eigentlich geplant.

Phase 5: Schulungsphase

Im Rahmen einer abschließenden Schulung wurden die Pflegedienstleiter der fünf Diakoniestationen in den Umgang mit dem neuen Personalentwicklungssystem eingeweiht. Hierzu erhielt jeder Teilnehmer eine Mappe mit dem vollständigen System. Vorab sind die Wünsche und Befürchtungen der Pflegedienstleiter bereits in der Phase der Informationssammlung abgefragt und integriert worden. In der Schulung wurde das gesamte vom Projektteam bereits überarbeitete System begutachtet, Unklarheiten zum Umgang mit dem System konnten geklärt werden.

4.7 Projektabschluss

Das Projekt konnte im Januar 2004 erfolgreich abgeschlossen werden. Inwiefern sich das strategieorientierte Personalentwicklungssystem bewähren wird und welche Vorteile sich langfristig daraus ergeben, dass wird sich jedoch erst noch zeigen. Die Feed-backs der Beteiligten und die Gespräche mit allen Pflegedienstleitern und einzelnen Mitarbeitern waren insgesamt sehr positiv.

Während der Schulung für die Pflegedienstleiter erhielten alle Beteiligten eine Mappe mit dem gesamten Personalentwicklungssystem. Herrn Jahndorf wurde als Hauptverantwortlichen und Frau Reiter als Personalentwicklungsbeauftragte zusätzlich jeweils eine CD-Rom mit allen Dokumenten überreicht. Damit sind die von der Organisationsberatung entwickelten Formulare, Verfahrensanweisungen und Fragebögen vollständig an die Ambulante Dienste Gelsenkirchen gGmbH übergegangen. In der Einrichtung selbst wird das System zukünftig modifiziert und weiterentwickelt.

Herr Jahndorf beendete die Veranstaltung und bedankte sich für die gute Zusammenarbeit und das ausgesprochen befriedigende Ergebnis. Herr Loffing und Frau Budnik wünschten für die Umsetzung und langfristige Arbeit mit dem neuen Personalentwicklungssystem viel Erfolg. Für die Pflegedienstleiter und die Personalentwicklungsbeauftragte sicherte Herr Loffing noch einmal zu, dass er auch nach diesem Tag für etwaige Rückfragen fernmündlich und persönlich zur Verfügung steht. Auf diese Weise konnte der Prozess der Umsetzung effizient unterstützt werden.

4.8 Projektevaluation

Am Ende des Projekts erfolgt die Evaluation (vgl. Abb. 23).

Abb. 23: Projektevaluation

Die Evaluation des Projekts umfasst drei Stufen.

Stufe 1: Evaluation unmittelbar vor Einführung

Im Rahmen der Schulung der Pflegedienstleiter (siehe Schulungsphase) wurde das entwickelte System noch einmal kritisch geprüft. Wie bereits dargestellt, wurde im Rahmen der Schulung der Umgang mit den einzelnen Dokumenten erläutert. Hier bestand noch einmal die Möglichkeit, Vorgehensweisen kritisch zu hinterfragen und Verbesserungsvorschläge einzubringen.

Da bereits im Vorfeld auf die Einbindung und Information der Pflegedienstleiter der Diakoniestationen gebaut wurde, kam es zu keinen weiteren Verbesserungsvorschlägen. Lediglich Unklarheiten galt es noch zu beseitigen. Das Feed-back der anwesenden Personen war ausgesprochen positiv. Alle Beteiligten gingen davon aus, dass mithilfe des strategieorientierten Personalentwicklungssystems ein weiterer Schritt in Sachen Standardisierung, Objektivierung und Qualitätssicherung gemacht werden konnte.

Stufe 2: Evaluation nach einem Jahr

Im Februar 2005 wurde eine Befragung der obersten Leitung, der Personalentwicklungsbeauftragten und der Pflegedienstleiter der Diakoniestationen durchgeführt. Auch nach einem Jahr begrüßten die angesprochenen Personen die Einführung des Systems. Es gab keine wesentlichen Verbesserungsvorschläge.

Der späte Evaluationstermin, ein Jahr nach der Einführung, wurde gewählt, da erst im Februar 2005 alle Dokumente mindestens einmal zum Einsatz gekommen waren. Erst zu diesem Zeitpunkt konnte ein umfassendes Urteil über die getroffenen Regelungen sowie die Handhabbarkeit der Formulare und Checklisten sowie etwaig nicht berücksichtigte Aspekte gegeben werden.

Stufe 3: Evaluation nach zwei Jahren

Ein weiteres Jahr später (Februar 2006) soll noch einmal eine Evaluation durchgeführt werden. Spätestens zu diesem Zeitpunkt sollte sich der Aufwand des Projekts bezahlt gemacht haben. Alle Beteiligten dürften bis dahin eine gewisse Routine im Umgang mit den Dokumenten erlangt haben. Etwaige Verbesserungsvorschläge sollen auch nach dieser Evaluation ermittelt, geprüft und anschließend integriert werden.

4.9 Projektergebnisse

Im Rahmen dieses Projekts konnte die ursprüngliche punktuelle Personalarbeit bei der Ambulante Dienste Gelsenkirchen gGmbH erfolgreich in ein strategieorientiertes Personalentwicklungssystem umgewandelt werden. Standardisierung, Objektivität und Arbeitserleichterung sind die wesentlichen Stichworte, die die Ergebnisse des Projekts skizzieren.

Quick-Tipp!
Alle Dokumente des strategieorientierten Personalentwicklungssystems der Ambulante Dienste Gelsenkirchen gGmbH sind mitsamt einer ausführlichen Projektbeschreibung in folgendem Buch veröffentlicht:
Loffing, C. & Geise, St. (2005). Personalentwicklung in der Pflege. Verlag Hans Huber: Bern.

Kapitel 5:
Goldene Regeln des Projektmanagements

Viele Projekte verlaufen wenig erfolgreich. Kennzeichen nicht erfolgreicher Projekte sind Abbruch der Zusammenarbeit, nicht umzusetzende Ergebnisse, Demotivation der Projektteilnehmer etc. Die im Folgenden aufgeführten zehn goldenen Regeln sichern dagegen den Erfolg in einem Projekt, der maßgeblich vom Projektleiter beeinflusst wird.

Reminder!

10 goldene Regeln – oder wie Ihr Projekt erfolgreich wird

1. Bereiten Sie Projekte vor und nach.
2. Stehen Sie hinter den Entscheidungen Ihrer Projektgruppe.
3. Transportieren Sie Ergebnisse regelmäßig an die oberste Leitung.
4. Motivieren Sie die Teilnehmer des Projekts.
5. Nutzen Sie die Kreativität aller Beteiligten.
6. Schauen Sie über den Tellerrand.
7. Setzen Sie Ergebnisse um.
8. Implementieren Sie Projektmanagement in der Aufbauorganisation.
9. Bilden Sie sich fort und tauschen Sie sich aus.
10. Betreiben Sie effektives Selbstmanagement.

1. Regel: Bereiten Sie Projekte vor und nach

Der »Flow« im Projekt hängt primär von Ihnen als Projektleiter ab (vgl. Csikszentmihalyi, 1996). Wenn das Projekt nicht zu einem »Kaffeekränzchen« werden soll, sondern in gebotener Kürze und Prägnanz Ergebnisse produzieren muss, dann kommt man um eine gründliche Vor- und Nachbereitung nicht herum. Es müssen im Vorfeld Unterlagen zusammengetragen werden, im Nachhinein Protokolle verfasst und Ausarbeitungen vorgenommen werden. Sicherlich müssen Sie diese Aufgaben nicht alle selbst übernehmen. Sie müssen jedoch immer über den aktuellen Stand der Dinge Bescheid wissen.

2. Regel: Stehen Sie hinter den Entscheidungen Ihrer Projektgruppe

Im Projekt werden Ideen gesammelt, Szenarien entwickelt und Vorschläge zur Realisierung von Maßnahmen generiert. Begutachtet werden die Projektergebnisse von der obersten Leitung. Ihre Überzeugungskraft im Rahmen einer Präsentation kann maßgeblich zu einer positiven Entscheidung der obersten Leitung beitragen.

3. Regel: Transportieren Sie Ergebnisse regelmäßig an die oberste Leitung

Die Grundvoraussetzung für eine erfolgreiche Diskussion mit der obersten Leitung als Entscheidungsträger ist, dass Ergebnisse ausreichend zeitnah und gut aufbereitet an diese transportiert werden. Machen Sie sich einen Plan für eine Feed-back-Schleife. Geben Sie Ihrer obersten Leitung regelmäßig den Stand der Dinge durch.

4. Regel: Motivieren Sie die Teilnehmer des Projekts

Die Projektmitarbeiter sind in der Regel hauptsächlich mit anderen Aufgaben beschäftigt (Ausnahme: Freistellung für eine *task-force*). Trotz Akzeptanz des direkten Vorgesetzten müssen sich die Mitarbeiter oft die Zeit für ein Projekt »erkämpfen«. Ein gutes Zeitmanagement und eine hohe Motivation sind ebenfalls erforderlich, wenn die Projektaufgaben Erfolg versprechend bearbeitet werden sollen. Die Motivation der Mitarbeiter kann durch Sie positiv beeinflusst werden. Nutzen Sie diese Chance!

5. Regel: Nutzen Sie die Kreativität aller Beteiligten

Jeder Teilnehmer in einem Projekt leistet einen Beitrag zum Bewältigen der anfallenden Aufgaben. Bei allen Aufgaben sollte das kreative Potenzial der Teilnehmer genutzt werden. Würdigen Sie jeden Beitrag.

6. Regel: Schauen Sie über den Tellerrand

Der nahe liegende Weg ist nicht immer der beste Weg. Suchen Sie auch jenseits der Hauptverkehrsadern nach Lösungen. Diese machen auf den ersten Blick nicht immer den besten Eindruck. Langfristig können sie sich jedoch bewähren.

7. Regel: Setzen Sie Ergebnisse um

Auch nach Bearbeitung der einzelnen Projektaufgaben ist die Arbeit noch nicht beendet. In den meisten Fällen beginnt gerade hier die eigentliche Arbeit. Nach der Genehmigung durch die oberste Leitung müssen die Ergebnisse in der Praxis umgesetzt werden. Kollegen müssen Ergebnisse näher gebracht werden, sie müssen für die Umsetzung motiviert werden. Der wahre Erfolg Ihrer Projektarbeit wird an den umgesetzten Ergebnissen gemessen.

8. Regel: Implementieren Sie Projektmanagement in der Aufbauorganisation

In einer Zeit, die durch kontinuierliche Veränderungen geprägt ist, kann Projektarbeit maßgeblich zum Erfolg einer Einrichtung beitragen. Sorgen Sie dafür, dass dem Projektmanagement die gebührende Aufmerksamkeit geschenkt wird und implementieren Sie diese Aufgabe in der Aufbauorganisation.

9. Regel: Bilden Sie sich fort und tauschen Sie sich aus

Der erfolgreiche Projektleiter verfügt über eine hohe Fachkompetenz, ein breites Spektrum an Methoden und die benötigte Sozialkompetenz zur Leitung unterschiedlicher Persönlichkeiten in einer Projektgruppe. Er bildet sich regelmäßig weiter und tauscht sich mit Kollegen aus.

10. Regel: Betreiben Sie ein effektives Selbstmanagement

Der Projektleiter ist großen Belastungen ausgesetzt. Zu seinen Aufgaben gehört die Motivierung der Mitarbeiter zur Teilnahme an einer Projektgruppe, die Umsetzung von Ergebnissen etc. Des Weiteren muss er den personellen und damit auch monetären Aufwand für ein Projekt vor der obersten Leitung rechtfertigen.

Kapitel 6:
Fazit

Chance nutzen!

Projektarbeit ist eine gute Methode, herausfordernde und zukunftsträchtige Aufgaben zu bewältigen. In einer Zeit, in der sich Unternehmen alle fünf Jahre einem grundlegenden Wandel unterzogen haben müssen, wird Projektgruppenarbeit zu einer elementaren Aufgabe (vgl. Peters & Waterman, 1986). Mit der entsprechenden Vorbereitung, der gebührenden Aufmerksamkeit, einem qualifizierten Projektleiter und den richtigen Mitarbeitern ist der Erfolg vorprogrammiert.

Die unterschiedlichen Möglichkeiten der organisatorischen Einbindung ermöglichen es heute jedem Unternehmen, mit Projektgruppen zu arbeiten. Projektgruppenarbeit heißt Zusammenarbeit in einem Team, Spaß ist bei aller Effizienz in vielen Fällen zu erwarten und auch erlaubt.

Reminder!
Geben Sie der Projektgruppenarbeit eine Chance. Sie investieren in Zeit und erhalten entscheidende Ergebnisse.

Nach erfolgreichem Abschluss eines Projekts darf auch einmal gefeiert werden. Bedanken Sie sich bei den Projektgruppenmitgliedern und ihrem Engagement.

Quick-Tipp!
Umfassende Projekte sollten angemessen gewürdigt werden.

Glossar

Aktivität Ein Arbeitsvorgang, der ein Basis-Baustein des Projektplans ist. Er setzt sich aus Zeit und Ressourcen zusammen.

Balkendiagramm Methode der Projektplanung. Die Aktivitäten werden auf einer horizontalen Zeitachse als Balken oder Linie visualisiert.

Coach Eine Begleitperson, die ihren Klienten begleitet und behilflich ist, Ziele zu erreichen bzw. Probleme zu bewältigen. Der Coach gibt keine Ratschläge, sondern unterstützt seinen Klienten eigene Ziele zu erkennen und entsprechende Maßnahmen zur Zielerreichung zu generieren.

Emotionale Intelligenz Die emotionale Intelligenz ist geprägt von Goleman, der ihr die Kompetenzen Selbstreflexion, Selbstmanagement, soziales Bewusstsein und Sozialkompetenz zuschreibt.

Einfluss-Projektorganisation Eine Art der Projektorganisation, in der die Projektkoordination durch eine Stabsstelle erfolgt. Die Projektmitglieder bleiben in der funktionalen Hierarchie des Unternehmens.

FAZ Frühester Anfangszeitpunkt, der in der Vorwärtsrechnung ermittelt wird. Er bezeichnet den Zeitraum, der nach Beginn des Projekts vergeht, bis der Vorgang begonnen werden kann.

Feed-back Bezeichnung einer Rückmeldung, die jemandem gegeben wird. Differenziert wird hierbei zwischen destruktiver und konstruktiver Rückmeldung. Durch letztere wird am ehesten ein zukünftiger Fehler vermieden. Die Rückmeldung sollte vom Empfänger nicht kommentiert werden.

FEZ Frühester Endzeitpunkt, der in der Vorwärtsrechnung kalkuliert wird. Er gibt an, zu welchem Zeitpunkt nach Beginn des Projekts ein Vorgang frühestens beendet ist.

Knoten Der Verbindungspunkt eines Netzplans, der den Funktions- und Zeitbezug impliziert.

Kostenabweichung Differenz zwischen den geplanten Kosten und den tatsächlich entstandenen Kosten.

Meilensteine Signifikante Projektereignisse, die in der Projektplanung festgelegt werden.

Personalentwicklung Im Rahmen einer weiten Definition umfasst Personalentwicklung alle Maßnahmen zur Gewinnung, Auswahl, Ausbildung und Weiterbildung von Personal.

Projekt Ein Projekt zeichnet sich aus durch:
- Neuartigkeit/Risiko
- Zeitliche Begrenztheit
- Komplexität
- Beteiligung mehrerer Stellen

Projekt-Matrixorganisation Eine Art der Projektorganisation, wo die Projektmitglieder sowohl ihrem Linienvorgesetzten als auch dem Projektleiter unterstellt sind.

Projektorientierte Teilorganisation Eine Art der Projektorganisation, in der die Linienorganisation nicht verändert wird. Die Projektleitung wird von einem Mitglied der Abteilungsleitung übernommen und die Projektmitglieder sind Mitarbeiter einer Abteilung.

Projektstrukturplan Ein Plan, der das gesamte Projekt in Haupt-, Teilaufgaben und Arbeitspaketen aufteilt.

Pufferzeit Zeitreserve, die in einem Vorgang in Anspruch genommen werden kann, ohne die Dauer zu verändern.

Reine Projektorganisation Eine Art der Projektorganisation, in der die Projektmitglieder allein dem Projektleiter unterstellt sind.

SAZ Spätester Anfangszeitpunkt, der in der Rückwärtsrechnung ermittelt wird. Er zeigt, wann nach Beginn des Projekts ein Vorgang begonnen werden muss, ohne die Gesamtdauer zu erhöhen.

SEZ Spätester Endzeitpunkt, der sich durch die Rückwärtsrechnung ergibt. Er gibt an, wann ein Vorgang spätestens zu Ende sein muss.

task-force Task-force bezeichnet eine Projektgruppe, die während des Projekts aus der Linienarbeit ausscheidet. Man spricht von einer reinen Projektorganisation.

Teamarbeit Das Projektteam zeichnet sich dadurch aus, dass es als Ganzes Ergebnisse erarbeitet, sie verantwortet und nach außen vertritt. Nicht alle Aufgaben werden von allen Teammitgliedern bearbeitet.

Teambildung Die Projektmitglieder sind zunächst eine Gruppe, die durch die Unterstützung des Projektleiters zu einem Team geformt wird. Die Gruppe durchläuft die vier Phasen Forming, Storming, Norming und Performing bis sie ein Team bildet.

Literaturverzeichnis

BAGULEY, P. (1999). *Optimales Projektmanagement*. Falken: Niedernhausen/Ts.

BIRKER, K. (2003). *Projektmanagement. Lehr- und Arbeitsbuch für die Aus- und Weiterbildung (3. Aufl.)*. Cornelsen: Berlin.

CREMER, J. (2002). *Motivation in Projekten. Eine empirische Erforschung von Motivations- und Erfolgsursachen im Projektmanagement*. Papst: Lengerich

CSIKSZENTMIHALYI, M. (1996). *Flow – Das Geheimnis des Glücks* (5. Aufl.). Klett-Cotta: Stuttgart.

FRANCIS, D. & YOUNG, D. (1996). *Mehr Erfolg im Team: Ein Trainingspgrogramm mit 46 Übungen zur Verbesserung der Leistungsfähigkeit in Arbeitsgruppen*. Windmühle: Hamburg.

GOLEMAN, D. (2000). *Durch flexibles Führen mehr erreichen*. Harvard Business Manager, 5, S. 9–22.

KELLNER, H. (2003a). *Projekt-Mitarbeiter finden und führen*. Hanser: München.

KELLNER, H. (2003b). *Projektmeetings professionell und effizient*. Hanser: München.

KNOLL, J. (2003). *Kurs- und Seminarmethoden. Ein Trainingsbuch zur Gestaltung von Kursen und Seminaren, Arbeits- und Gesprächskreisen* (10. Aufl.). Beltz: Weinheim.

KRAUS, G. & WESTERMANN, R. (2002). *Projektmanagement mit System. Organisation, Methoden, Steuerung* (3. Aufl.). Gabler: Wiesbaden.

LITKE, H.-D. & KUNOW, I. (2002). *Projektmanagement* (3. Aufl.). Haufe: Freiburg i. Br.

Loffing, C. & Geise, St. (2005). *Personalentwicklung in der Pflege.* Verlag Hans Huber: Bern.

Madauss, B. J. (2000). *Handbuch Projektmanagement: mit Handlungsanleitungen für Industriebetriebe, Unternehmensberater und Behörden* (6. Aufl.). Schäffer-Poeschel: Stuttgart.

Maelicke, B. (2004). *Führung und Zusammenarbeit.* Nomos Verlagsgesellschaft: Baden-Baden.

Olfert, K. & Steinbuch, P. A. (2002). *Kompakt-Training Projektmanagement* (3. Aufl.). Kiehl: Ludwigshafen.

Peters, T. J. & Waterman, R. H. (1986). *Auf der Suche nach Spitzenleistungen. Was man von den bestgeführten US-Unternehmen lernen kann.* Verlag moderne Industrie: Landsberg/Lech.

Schmidt, F. L. & Hunter, J. E. (1998). *The validity and utility of selection methods in personnel psychology: Practical and theoretical implications of 85 years of research findings.* Psychological Bulletin, 124, 262–274.

Steinmann, H. & Schreyögg, G. (2000). *Management. Grundlagen der Unternehmensführung. Konzepte – Funktionen – Fallstudien.* (5. Aufl.). Gabler: Wiesbaden.

Webb, J. F. (1969). *Space Age Management.* McGraw Hill-Book Company: New York.

Interessante Internetseiten:
http://www.projektmagazin.de
http://www.eligo.de